TERAPIAS NATURALES

Edmund J. Bourne   Arlen Brownstein
Lorna Garano

Supere
la ansiedad
con métodos
naturales

Estrategias para atenuar el miedo,
el pánico y las preocupaciones

ONIRO

NOTA DEL EDITOR

Esta obra se ha concebido para ofrecer una información exacta y autorizada sobre el tema tratado. Se sobreentiende que el editor, aunque la venda, no se dedica a ofrecer ningún servicio profesional psicológico, económico, legal ni de cualquier otra clase. Si el lector necesita la ayuda o la orientación de un experto, debe recurrir a un profesional competente.

Título original: *Natural Relief for Anxiety*
Publicado en inglés por New Harbinger Publications, Inc.

Traducción de Nuria Martí

Diseño de cubierta: Valerio Viano

Distribución exclusiva:
Ediciones Paidós Ibérica, S.A.
Mariano Cubí 92 - 08021 Barcelona - España
Editorial Paidós, S.A.I.C.F.
Defensa 599 - 1065 Buenos Aires - Argentina
Editorial Paidós Mexicana, S.A.
Rubén Darío 118, col. Moderna - 03510 México D.F. - México

© 2004 by Edmund Bourne, Arlen Brownstein and Lorna Garano

© 2005 exclusivo de todas las ediciones en lengua española:
Ediciones Oniro, S.A.
Muntaner 261, 3.º 2.ª - 08021 Barcelona - España
(oniro@edicionesoniro.com - www.edicionesoniro.com)

ISBN: 84-9754-166-9
Depósito legal: B-9.347-2005

Impreso en Hurope, S.L.
Lima, 3 bis - 08030 Barcelona

Impreso en España - *Printed in Spain*

Índice

Introducción

La ansiedad forma una parte inevitable de la vida de la mayoría de nosotros. Una gran cantidad de personas dice que se preocupa a diario por asuntos como la economía, la salud y la familia. Y una cantidad menor de ellas, cerca del 15 por ciento de adultos, sufre trastornos de ansiedad diagnosticables, como ataques de pánico, agorafobia (múltiples fobias), fobia social, el trastorno obsesivo-compulsivo o el trastorno del estrés postraumático. Es evidente que el estrés de la vida moderna —el ritmo, la complejidad, el nivel de alienación social y la falta de modelos consensuados para vivir— nos pasa factura a muchos de nosotros. Tanto si tienes a diario preocupaciones y ansiedad como unos síntomas más profundos en forma de un determinado trastorno de ansiedad, esta obra te ofrece diversas estrategias para llevar una vida más tranquila y serena.

Encontrarás numerosas obras que presentan el método convencional para tratar la ansiedad y los trastornos de ansiedad. En *The Anxiety & Phobia Workbook* y *Haga frente a la ansiedad* describo esta clase de método, y también puede encontrarse en otros buenos libros. El método convencional para vencer los problemas de ansiedad combina la *terapia conductual cognitiva* (TCC) con fármacos recetados. La TCC incluye a menudo una terapia de relajación, enseña a reemplazar los pensamientos atemorizantes que empiezan por «¿Y si?» por otros más realistas, muestra un diálogo interior y unas ideas positivas, e indica cómo ir afrontando —gradualmente— la situación temida y evitada. Los capítulos 1 y 4 de esta obra describen algunas de las estrategias empleadas en la TCC. Los medicamentos recetados en estos casos, aunque vayan bien para los trastornos de ansiedad más severos, no se han tratado en este libro.

Esta obra es única en su género porque se centra en los métodos naturales para vencer la ansiedad. Por eso es especialmente útil para combatir la ansiedad cotidiana o los trastornos de ansiedad ligeros y moderados. *Ligeros y moderados* significa que el problema que tienes con la ansiedad puede ser fastidioso a veces y perturbarte en algunas ocasiones o en determinadas situaciones, sin que, no obstante, altere tu vida de una forma importante impidiéndote trabajar, mantener unas relaciones satisfactorias o causarte una profunda angustia más de la mitad del tiempo. Unos trastornos de ansiedad *ligeros y moderados* significa que puedes afrontar tu ansiedad pero que te gustaría recibir una ayuda adicional. En cambio, los trastornos de ansiedad más severos sobrepasan a menudo tu capacidad para afrontarlos y es mejor tratarlos combinando la terapia conductual cognitiva con las técnicas que incluye este libro y una medicación adecuada. Si, por ejemplo, tienes cada día ataques de pánico, una grave fobia social (miedo a estar en cualquier situación grupal), obsesiones y compulsiones, o un trastorno de estrés postraumático, aparte de los métodos descritos en este libro, también es aconsejable que tomes alguna medicación. Para una información más detallada sobre la medicación, te recomiendo leer el capítulo sobre este tema en *The Anxiety & Phobia Workbook*.

Los métodos naturales descritos en esta obra se diferencian de la terapia cognitiva conductual y de la medicación de dos formas. En primer lugar, la mayoría de los métodos (salvo la relajación, el ejercicio físico, y las estrategias cognitivas del capítulo 4) no han sido reconocidos por la investigación empírica como unos métodos para tratar la ansiedad. No obstante, se ha demostrado que son beneficiosos para una gran cantidad de personas aquejadas de ansiedad y de una variedad de otros trastornos. La información que he recibido de mis propios pacientes me lo ha demostrado. Además, miles de practicantes holísticos de todo el mundo han afirmado que métodos como la dieta, las plantas medicinales, la meditación, el yoga, el masaje y la acupuntura son eficaces en general. Hay investigaciones que apoyan los beneficios de todas estas modalidades, lo único que no existe son unos estudios concretos que examinen su eficacia para la ansiedad en particular. Te recomiendo que des una oportunidad a todos los métodos descritos en este libro. Prueba uno de ellos (o más) a diario durante un mes, y evalúa luego si sientes que te ha ayudado en tu trastorno. (En cuanto al masaje, la acupuntura o la quiropráctica será suficiente recibir una sesión por semana durante un mes para probar si te van bien.)

En segundo lugar, el método que sigue este libro difiere de los metodos corrientes porque es en esencia holístico. Se dirige a todo tu ser. La TCC se dirige principalmente sólo a dos componentes de la persona: las *cogniciones* (suposiciones y creencias) y los *hábitos adquiridos* desarrollados a través de los condicionamientos. La medicación trata sólo los desequilibrios fisiológicos o los de los neurotransmisores del cerebro. En cambio, la mayoría de las estrategias de este libro, en lugar de ofrecer unas técnicas concretas para tratar la conducta o la fisiología del cerebro, tratan a la persona como un todo. A medida que leas los siguientes capítulos, descubrirás cómo:

— cambiar de dieta y tomar unos suplementos nutricionales que te ayuden a estar más tranquilo durante el día
— tratar dolencias como la hipoglucemia, las alergias alimentarias, el agotamiento adrenal, la candidiasis, la intoxicación por metales pesados, el SPM y el trastorno afectivo estacional puede reducir la ansiedad y aumentar la sensación de bienestar
— simplificar tu vida te ayudará a gozar de una mayor paz mental
— aprender a meditar con regularidad reducirá las preocupaciones y la reactividad emocional
— adoptar una visión más espiritual te ayudará a curarte con más profundidad en tu vida

Practicar cualquiera de estos métodos te ayudará a mejorar tu vida entera. Tu problema de ansiedad —ya sean preocupaciones diarias, pánico, ansiedad generalizada o fobias— mejorará, así como tu depresión, cefaleas, insomnio, cambios de humor, irritabilidad y otras clases de problemas similares. En pocas palabras, todo tú te sentirás mejor.

Parte del material de esta obra no se ha publicado en ninguna otra obra de autoayuda sobre la ansiedad, que yo sepa. No he visto que los trastornos que pueden fomentar la ansiedad (agotamiento adrenal, candidiasis, la presencia de toxinas, un envenenamiento por metales pesados y el trastorno afectivo estacional) tratados en el capítulo 5, se hayan descrito en ningún otro libro sobre la ansiedad y, sin embargo, es tan importante tratar estos trastornos como otros más conocidos como la hipoglucemia y las alergias alimentarias. Varios libros han mencionado que el yoga es beneficioso porque al fomentar la relajación y el equilibrio interior ayuda a reducir la ansiedad. Creo que el tai chi y el qi gong también han de mencionarse por la misma razón. Y, por último, el capítulo sobre la espiritualidad introduce una perspectiva que en general no se tiene en cuenta en la mayoría de los libros de autoayuda sobre la ansiedad.

Si he incluido algunos de estos métodos menos conocidos es sobre todo porque mi experiencia personal me ha demostrado que eran importantes. Una experiencia personal que incluye tanto mi propia recuperación de un trastorno de ansiedad (una combinación de un TOC y un trastorno de pánico) y la recuperación de muchos de mis pacientes. La meditación, el yoga, la dieta, la depuración del cuerpo, las plantas medicinales, el masaje, la quiropráctica y la espiritualidad me han ayudado a mí y a muchos de mis pacientes. Por eso te animo a probar estos métodos. Si ya estás recibiendo una terapia cognitiva conductual o una medicación para tratar un trastorno de ansiedad, considera estos métodos como un complemento de tu tratamiento. Estoy seguro de que los resultados no te defraudarán.

Esta obra sólo puede tratar brevemente la mayoría de los temas que presenta. Se han escrito muchos libros sobre dietas, plantas medicinales, suplementos nutricionales, hipoglucemia, alergias alimentarias, depuración del cuerpo, meditación, yoga, qi gong, y obras para simplificar la vida y desarrollar el aspecto espiritual. Al final del libro encontrarás una breve lista de lecturas recomendadas, agrupadas por temas.

Espero que tus esfuerzos para vencer los problemas de ansiedad te resulten muy gratificantes y que muchos de los métodos naturales descritos en este libro te sean útiles. Tienes a tu alcance unos métodos muy eficaces y creo que siempre es posible recuperarse en gran medida si uno se lo propone de todo corazón.

Ed Bourne

1

La relajación

Si eres como la mayoría de la gente, creerás que tu habilidad para relajarte es parecida a la que tienes para caminar o dormir: un mecanismo físico que actúa sin que hayas de aprenderlo. Por eso cuando te dices a ti mismo algo tan fácil como «relájate», te sientes frustrado al ver que no produce ningún resultado. En realidad, para poder relajarte necesitas dominar ciertas habilidades. La relajación se parece más a un estado activo como tocar el piano que a uno pasivo como dormir. Si alguien te estuviera enseñando a tocar el piano, tendrías que practicar cada día una determinada cantidad de tiempo. De igual modo, para aprender a relajarte necesitas también hacer lo mismo. Practicando con regularidad los ejercicios de relajación que se describen en este capítulo, reducirás la aparición de los síntomas de ansiedad y adquirirás unas habilidades esenciales para librarte de ellos cuando aparezcan.

Los cuatro signos de relajación

¿Cómo puedes saber cuándo estás relajado? Los cuatro signos característicos de relajación son:

1. Respiras hondo y con facilidad, llenando de aire tanto el pecho como la zona abdominal.
2. Los músculos del cuerpo están flojos, sueltos, flexibles y libres.
3. El corazón late con calma y regularidad, haciendo circular con fluidez la sangre por todo el cuerpo, con lo que las manos y los pies están normalmente calientes.
4. La mente está clara y serena, no te distraes y puedes concentrarte fácilmente.

Anatomía de la relajación

Cuando estás relajado se activa una parte distinta del sistema nervioso autónomo, el *sistema nervioso parasimpático*. Este sistema se ocupa de mantener la función normal de los sistemas de los órganos internos en los momentos de descanso e inactividad. Invierte los efectos del *sistema nervioso simpático,* cuya función es activar el cuerpo para que luche o huya en respuesta a cualquier amenaza percibida. El sistema nervioso simpático aumenta el ritmo cardíaco, la respiración, la presión arterial y el metabolismo, activa la tensión de los músculos y la liberación de *adrenalina,* una hormona inductora de un estado de excitación y vigilancia. Desempeña un importante papel precipitando el estrés y la ansiedad. En cambio, el sistema nervioso parasimpático ordena a los órganos del cuerpo que bajen el ritmo, y a los músculos que dejen de tensarse. Su función es hacer que el cuerpo vuelva a relajarse después de un periodo de esfuerzo o estrés.

Las personas ansiosas o estresadas tienden a experimentar altos niveles de activación del sistema nervioso simpático la mayor parte del tiempo. Utilizando un lenguaje coloquial, están «exaltadas» o «tensas». Incluso cuando empiezan a tranquilizarse la más mínima circunstancia puede volver a activarles el sistema nervioso simpático. Después de haber permanecido en un estado de sobreexitación durante mucho tiempo, el sistema nervioso simpático «aprende» a activarse a la menor provocación. Al llegar a este punto, pueden aparecer los ataques de pánico.

A un nivel fisiológico básico, cultivar la relajación significa fortalecer la inclinación a activar el sistema nervioso parasimpático y disminuir la tendencia a desencadenar la activación del sistema nervioso simpático. La inclinación a activar el sistema nervioso parasimpático se llama a veces *predominio parasimpático.* La buena noticia es que el predominio parasimpático puede aprenderse, y los ejercicios de este capítulo te ayudarán a hacerlo.

Convierte la relajación en una prioridad

Reordenar tus prioridades no es una tarea fácil. Requiere examinar unos valores, creencias y actitudes tan arraigados que quizá ni siquiera seas consciente de ellos. En nuestro contexto cultural dar a la relajación la misma prioridad que tienen las tareas domésticas, los objetivos profesionales y las responsabilidades personales puede ser difícil de aceptar. Después de todo, los mensajes que recibimos desde la infancia destacan lo importante que es conseguir, realizar y obtener todo aquello que nos propongamos. Es muy poco probable que alguien te haya animado alguna vez a aprender a relajarte y a dedicar un tiempo a ser simplemente. Además, los avances tecnológicos modernos han acelerado el ritmo de la vida vertiginosamente. Por eso para relajarse es necesario hacer un acto de voluntad que va en contra de los valores y del ritmo de nuestro avanzado y tecnológico mundo. No es extraño que seamos muy pocos los que demos una gran prioridad a la relajación en la vida cotidiana.

Por difícil que parezca convertir la relajación en una gran prioridad, vale la pena intentar llevar una vida más tranquila que no esté acuciada por una frecuente sensación de ansiedad. Te resultará más fácil lograrlo si tienes en cuenta que la relajación no es como una actividad para entretenerte o pasártelo bien, sino que consiste en detenerte para entrar en un estado de profunda serenidad que no puedes obtener yendo al cine o jugando con un videojuego.

La prioridad que des a la relajación depende en el fondo de lo importante que sea para ti la paz interior. Si lo deseas, reservar un tiempo simplemente para ser y para cultivar la serenidad puede convertirse en la base de tu vida. Pero ello requiere que la relajación sea para ti tan importante como las tareas domésticas, el trabajo, las diversiones y cualquier otra meta personal que te hayas fijado. Quién crees ser y quién deseas ser se refleja en dónde empleas tu tiempo y energía. Cuando en el fondo de tu ser decidas que la paz interior es muy importante para ti, te reservarás el tiempo necesario para cultivarla.

Actitudes que minan la relajación

A continuación encontrarás algunas de las actitudes más corrientes que van minando la relajación y cómo contrarrestarlas.

Tengo demasiadas cosas que hacer. No me queda tiempo. Es simplemente otra forma de decir que la relajación no es tu prioridad. Tú eres el que distribuyes el tiempo de que dispones de acuerdo con tus prioridades. Si la relajación es importante para ti, encontrarás tiempo para practicarla.

La relajación es demasiado aburrida. Si piensas que la relajación es aburrida, tal vez no conozcas a fondo lo refrescante y revitalizante que es un verdadero estado de relajación. A lo mejor aún no has aprendido a relajarte profundamente. Sigue practicando las técnicas de relajación hasta experimentar los beneficios de una relajación profunda.

Miro la televisión o leo el periódico. ¿No es eso una forma de relajarme? La relajación no es como un entretenimiento, sino un estado muy agradable en sí mismo que aparece al aquietar la mente y el cuerpo.

He de cuidar de otras personas. Aunque hayas de ocuparte de otras personas, reservar un tiempo para relajarte es una cuestión de prioridades. Aunque al principio te resulte difícil encontrar tiempo para relajarte, las personas de las que te ocupas se beneficiarán si cuidas también de ti.

Me falta la disciplina necesaria. Si crees que no tienes la suficiente disciplina para practicar unas sesiones regulares de relajación, aplica la regla de las tres semanas. Si logras hacer a diario una sesión de relajación profunda durante tres semanas, lo más probable es que se convierta en un hábito como el de limpiarte los dientes.

Estoy demasiado tenso como para relajarme. Estar demasiado tenso puede ser un problema. Una solución es hacer primero alguna clase de ejercicio físico, hasta que te sientas agotado. Después de liberar el exceso de adrenalina y de energía del cuerpo, te resultará más fácil relajarte. Otra opción es que alguien te dé un buen masaje en la espalda, ya que seguramente esto te ayudará a relajarte, por muy tenso que estés.

Prueba tanto el ejercicio de la respiración abdominal como el de la respiración calmante, pero procura primero dominar la respiración abdominal. Cuando seas un experto en ambas técnicas, elige la que prefieras practicar cada día con regularidad.

Haz al menos una sesión de cinco a diez minutos de duración, tres veces al día, durante tres semanas como mínimo. Si es posible, a una hora determinada del día, así el ejercicio respiratorio se convertirá en un hábito. A base de práctica aprenderás a utilizar estos ejercicios respiratorios para ralentizar las reacciones fisiológicas que aparecen cuando surge la ansiedad.

Ejercicio: La respiración abdominal

1. Siéntate o tiéndete, si es posible con la cabeza apoyada, y pon una de tus manos sobre la barriga, justo debajo de la caja torácica.

2. Inhala lenta y profundamente por la nariz y lleva el aire hasta el fondo de los pulmones (hasta el punto más hondo al que puedas llegar). Mientras la barriga sube elevando tu mano, el pecho sólo ha de moverse un poco.

3. Cuando ya no puedas inhalar más aire, retén la respiración durante un momento y luego exhala por la nariz o la boca. Asegúrate de exhalar todo el aire. Mientras lo exhalas, suéltate e imagina que todo tu cuerpo se relaja y afloja. Para poder relajarte totalmente, haz diez respiraciones abdominales. (Cuando hayas terminado las diez respiraciones, sigue practicando la respiración abdominal de cinco a diez minutos más.) Intenta respirar con suavidad y regularidad, sin coger el aire con demasiada rapidez ni exhalar de pronto. Para respirar con más lentitud, puedes contar lentamente y en silencio hasta cuatro mientras inhalas y después hacer lo mismo al exhalar. Mientras practicas la respiración abdominal, cuenta de uno a cuatro al menos el primer día y, si lo deseas, también el segundo. Cuando ya hayas aprendido a respirar lentamente, si quieres puedes olvidarte de llevar la cuenta. Al llegar a este punto puedes optar por intentar

contar al revés de veinte a uno después de cada exhalación. Es decir, después de la primera exhalación di mentalmente *veinte,* después de la segunda, *diecinueve,* y así sucesivamente, hasta llegar a uno. Empieza luego de nuevo desde veinte y repite el ciclo. Acuérdate de respirar de manera lenta y profunda durante todo el ejercicio, inhalando por la nariz y exhalando por la nariz o la boca. (Si lo deseas, puedes hacer la respiración abdominal sin contar.)

4. Sigue practicando la respiración abdominal al menos de cinco a diez minutos. Si en algún momento te empiezas a marear, deténte durante treinta segundos y empieza de nuevo.

EJERCICIO: LA RESPIRACIÓN CALMANTE

1. Respirando desde la barriga, inhala por la nariz lentamente contando hasta cinco.

2. Retén la respiración contando hasta cinco.

3. Exhala poco a poco el aire por la nariz o la boca, contando lentamente hasta cinco (o seis, siete u ocho, si te toma más tiempo). Asegúrate de exhalar todo el aire.

4. Cuando hayas expulsado todo el aire, respira dos veces con tu ritmo normal y repite los tres primeros pasos del ciclo que se acaban de citar.

5. Haz el ejercicio durante cinco minutos. En este tiempo podrás hacer como mínimo diez ciclos de *inhalar* contando hasta cinco, *retener* la respiración contando hasta cinco y *exhalar* contando hasta cinco. A medida que vayas haciendo el ejercicio, quizá adviertas que puedes contar más de cinco, o que la exhalación dura más que la inhalación. Estas variaciones en la cuenta ocurren, simplemente deja que sucedan y sigue haciendo el ejercicio durante cinco minutos. Acuérdate entre cada ciclo de respirar dos veces con tu ritmo normal. Si mientras haces el

ejercicio empiezas a sentirte mareado, deténte durante treinta segundos, respira con normalidad y luego empieza de nuevo. Respira durante todo el ejercicio con suavidad y regularidad, sin inhalar el aire con demasiada rapidez ni exhalarlo de pronto.

6. Si lo deseas, cada vez que exhales, di mentalmente *relájate, tranquilízate, suéltate,* o cualquier otra palabra o frase relajante. Mientras tanto deja que todo el cuerpo se relaje. Si lo haces cada vez que practicas, entrarás en un suave estado de relajación sólo con decir mentalmente la palabra relajante.

Visualización dirigida

La visualización dirigida es un método que consiste en utilizar la visualización para modificar tu conducta, cómo te sientes e incluso tu estado fisiológico interior. Puedes visualizar una imagen para prevenir la ansiedad. Cuando practiques la visualización dirigida, cierra los ojos e imagina una escena relajante. Al hacer este nuevo papel en una película mental pensada para inducir un estado de serenidad en lugar de uno de suspense, conseguirás reducir notablemente los síntomas de ansiedad. A continuación se describen dos visualizaciones dirigidas que sirven para relajar la mente cuando estás tenso o preocupado.

La visualización en sí ya es relajante, pero si lo deseas también puedes relajar el cuerpo practicando la respiración abdominal durante un minuto o dos antes de hacer la visualización. Como cuando estás relajado puedes visualizar la escena con más viveza, ejercerá un efecto más profundo en ti. Para que te resulte más fácil relajarte, si lo deseas puedes grabar las visualizaciones dirigidas con tu propia voz o con la de alguna otra persona (naturalmente has de elegir a alguien con una voz agradable). Después de haber hecho varias veces la visualización con la cinta, seguramente te acordarás tan bien de ella que podrás hacerla de memoria, pero si lo prefieres puedes seguir utilizándola todo el tiempo que quieras.

Directrices para practicar la visualización dirigida

— Colócate en una postura cómoda con la cabeza apoyada, aflójate la ropa para que no te oprima. Elige para ello un lugar tranquilo y sin distracciones. Antes de iniciar la visualización, relájate un poco haciendo la relajación muscular progresiva o la respiración abdominal durante varios minutos.

— Al terminar la visualización relajante, vuelve a entrar en un estado de alerta con las siguientes frases, que puedes grabar al final de la cinta de la visualización:

Ahora, dentro de unos momentos volverás a estar despierto y atento. Mientras cuento de uno a cinco, presta atención. Cuando llegue al cinco, abre los ojos y siente que estás despierto, atento y renovado. Uno... empieza poco a poco a estar atento, a despertar. Dos... te vas despertando. Tres... empieza a mover las manos y los pies, ya estás más atento. Cuatro... casi estás totalmente despierto. Y cinco... abre ahora los ojos, siente que estás totalmente despierto, atento y renovado.

— Al acabar la visualización, levántate y camina un poco hasta sentirte totalmente despierto y estable. Deja pasar al menos diez minutos antes de conducir o de hacer cualquier otra actividad que requiera una compleja coordinación.

Ejercicio: Visualización dirigida de la playa

Estás bajando por una larga escalera de madera que te lleva a una hermosa y ancha playa. Parece casi desierta y se extiende perdiéndose a lo lejos. La arena de la playa es muy fina y clara... casi de color blanco. Te pones a andar descalzo por la arena hundiendo los dedos de los pies en ella. ¡Qué sensación más agradable sientes al pasear lentamente por esta hermosa playa! El murmullo de las olas es tan relajante que te olvidas de todo lo que tienes en la mente. Contemplas el ir y venir de las olas... cómo se forman lentamente... rompen unas sobre otras... y luego se vuelven a formar. El agua del mar es de un bello color azul... un color azul que con sólo verlo te relajas. Contemplas el mar extendiéndose hasta la línea del horizonte y luego vas siguiendo el horizonte hasta donde tu vista alcanza y observas cómo se dobla ligeramente hacia abajo siguiendo la curvatura de la tierra. Mientras exploras el mar con la mirada ves, a muchos kilómetros de distancia, un diminuto velero navegando por el mar. Todas estas vistas te ayudan a relajarte más aún. Mientras sigues paseando por la playa, sientes el fresco y salado aroma del aire marino. Respiras hondo... exhalas... y te sientes renovado y más relajado aún. Adviertes en el cielo dos gaviotas volando hacia el mar... mientras vuelan se mueven con una gran elegancia... y te imaginas cómo te sentirías si pudieras volar. A medida que sigues paseando por la playa vas entrando en un profundo estado de relajación. Sientes la brisa marina rozando tus mejillas y la calidez del sol penetrando por tu cuello y hombros. La cálida y líquida sensación del sol te relaja más aún... empiezas a sentirte totalmente satisfecho en esta hermosa playa. Hace un día precioso. Al cabo de un momento ves frente a ti, a una cierta distancia, una cómoda tumbona. Te vas acercando lentamente... y al llegar te sientas en ella cómodamente. Acostado en esta confortable tumbona te sueltas y relajas más aún si cabe, entrando en un estado de relajación incluso más profundo. Tras unos momentos cierras los ojos y te limitas a escuchar el murmullo de las olas, el infinito ciclo de su ir y venir. Y el rítmico sonido de las olas te lleva a un estado más... y más profundo aún... a un maravilloso estado de quietud y paz.

Ejercicio: Visualización dirigida
del bosque

Estás recorriendo un camino que te lleva a lo más profundo del bosque. Todo tu alrededor está lleno de árboles de gran altura... pinos, abetos, secuoyas, robles... intenta contemplarlos. El murmullo del viento al soplar entre las copas de los árboles es muy relajante y te ayuda a irte soltando. Aspiras el rico aroma que desprende el húmedo mantillo del bosque, el olor a tierra, el de las semillas recién caídas y el de las hojas descomponiéndose. Ahora buscas a través de las copas de los árboles hasta lograr ver un claro cielo azul. Observa cuán alto está el sol en el cielo. A medida que su luz va entrando por las frondosas copas de los árboles, se escinde en rayos que penetran la verde vegetación hasta llegar al suelo del bosque. Ahora contemplas los intrincados dibujos de luz y oscuridad que se forman al filtrarse la luz por entre los árboles. El bosque parece una gran catedral primigenia... te llena de una sensación de paz y respeto hacia todos los seres vivos. A lo lejos oyes el sonido de un torrente de agua resonando por el bosque. A medida que te acercas se va haciendo más fuerte y antes de lo que piensas llegas a la orilla de un arroyo que baja de la montaña. Ahora contemplas el agua y adviertes lo clara y destellante que es. Imagina que te sientas cómodamente junto a la orilla. Puedes sentarte sobre una roca plana o recostarte contra un árbol, o si lo prefieres, tenderte sobre una pendiente cubierta de hierba. Ves cómo el arroyo fluye impetuosamente y desciende rodeando rocas grandes y pequeñas. Las rocas tienen muchos distintos tonos marrones, grises y blancos, y algunas están cubiertas de musgo. Contemplas los destellos del agua al correr con fuerza por encima de unas piedras y alrededor de otras, dejando a su paso remolinos y torbellinos. El murmullo del agua es tan agradable que te dejas ir... relajándote más aún. Tomas una bocanada de aire fresco y descubres que los sutiles aromas del bosque son muy refrescantes. Mientras te tiendes en el blando lecho de hierba, hojas o fragantes agujas de pino que hay a tus pies, abandonas cualquier pensamiento estresante o preocupación... y dejas que las imágenes, sonidos y aromas de este precioso bosque te llenen de una profunda sensación de paz.

Adopta tu propio ritmo

Aunque la RMP, los ejercicios respiratorios y las visualizaciones son unas herramientas útiles para fomentar la relajación, sólo constituyen una parte de ella. Adoptar el ritmo que más te conviene en la vida es igual de importante. Al igual que muchas personas que sufren de ansiedad, puede que vivas a un ritmo demasiado rápido y que dejes que las influencias externas, como la presión que la sociedad ejerce para que rindas al máximo, te dicten el ritmo en el que has de vivir. Otro común error es observar a los demás para determinar lo ocupado que has de estar. Utilizar el rendimiento o el nivel de actividad de otras personas como una referencia de aquello que debes alcanzar es como comprar un traje hecho con las medidas de otro y esperar que te caiga a la perfección.

Marcar tu propia pauta significa vivir al ritmo más adecuado para ti. El hábito de realizar más actividades de las que tu cuerpo puede soportar produce agotamiento, estrés e incluso enfermedades, mientras que hacer demasiado pocas provoca aburrimiento y autoabsorción. Para vivir al ritmo que más te conviene has de escuchar las señales del cuerpo para determinar cuántas actividades has de hacer en un determinado día. Aceptar que el cuerpo necesita descansar y rejuvenecerse, y respetar estas necesidades, te ayudará a vivir al ritmo más adecuado para ti. En una sociedad que fomenta la competición y venera los logros, es fácil volverse sordo a las señales que tu cuerpo te envía cuando necesita descansar. Fijarte más en estas señales te ayudará a sentir una sensación de relajación general.

Pequeños descansos

Hacer pequeños descansos de cinco a diez minutos cada hora o cada dos horas te ayudará si intentas bajar el ritmo de tu vida. Los pequeños descansos son especialmente eficaces cuando los haces entre una actividad y otra. Por ejemplo, por la mañana después de desplazarte hasta el lugar donde trabajas, haz un pequeño descanso antes de empezar tu tarea habitual. O después de preparar la comida, haz un pequeño descanso antes de sentarte a comer. Durante el descanso puedes practicar la respiración abdominal, meditar, dar un paseo, hacer varios estiramientos de yoga o llevar a cabo cualquier otra cosa que te ayude a llenarte de energía, a relajarte y a aclarar la mente. Por extraño que parezca, puede que descubras que cuando incluyes esas breves pausas entre tus actividades, el tiempo te rinde más. Cada cosa que hagas la realizarás con la cabeza más clara y con más energía.

Un rato de tranquilidad

Gozar de un rato de tranquilidad significa reservar un tiempo para relajarte y disfrutar, olvidándote en él del trabajo y de otras responsabilidades. De lo contrario, el estrés se irá acumulando día a día y tu bienestar se resentirá. Este rato de tranquilidad te permitirá desestresarte y llenarte de energía.

Lo ideal sería que pudieras dedicar una hora diaria, un día a la semana, y una semana entera cada 12-16 semanas, a estar tranquilo. Si te resulta imposible reservarte cuatro semanas al año para estar tranquilo, intenta al menos tomarte varios días de descanso cada tres o cuatro meses, aunque en el trabajo no te los paguen. Durante esos espacios de tiempo has de desconectar del trabajo, olvidarte de las responsabilidades que puedas posponer, y decidir no contestar el teléfono a no ser que sea alguien con quien te guste hablar.

Tiempo para descansar, tiempo para divertirte y tiempo para relacionarte

Hay tres clases de tiempo libre: *tiempo para descansar, tiempo para divertirse* y *tiempo para relacionarse*. Cada uno de ellos desempeña un papel fundamental si pretendes llevar un estilo de vida más relajado y es importante tener tiempo para los tres. A menudo el tiempo para divertirte y el tiempo para relacionarte pueden combinarse, pero el tiempo para descansar has de usarlo sólo con ese objetivo y ninguno otro.

El tiempo de descanso es aquel en el cual dejas a un lado todas las actividades y te dedicas simplemente a ser. Dejas de estar activo y te dedicas a descansar por completo. Durante este tiempo puedes acostarte en el sofá sin hacer nada, meditar en silencio, sentarte en una tumbona y escuchar música tranquilamente, darte un agradable baño o echar un sueñecito en medio del día. El tiempo de descanso es fundamentalmente pasivo. Es cuando dejas de hacer y conseguir cosas para simplemente ser. Como el resto del tiempo lo concentras en rendir y alcanzar metas, el tiempo de descanso es un contrapunto necesario. Cuando estás estresado, es ideal reservar una hora al día para descansar, aparte de las horas dedicadas al sueño.

El tiempo para divertirte, en cambio, es activo. Implica hacer actividades que te ayuden a «re-crearte» y a llenarte de energía. Esta clase de tiempo te alegra y te sube el ánimo. Básicamente consiste en hacer cualquier cosa que te guste o te divierta. Las actividades pueden incluir cuidar del jardín, leer una novela, ver una película especial, salir a dar un paseo, jugar al voleibol, emprender una pequeña excursión, hacer pan o salir a pescar. Durante los días laborables de la semana puedes reservarte un tiempo para ello, pero es mejor hacerlo el fin de semana cuando no has de ir a trabajar. Este tiempo puedes pasarlo solo o compartirlo con alguien más.

El tiempo para relacionarte es aquel en el cual dejas a un lado tus metas y responsabilidades para disfrutar estando con una persona o, en algunos casos, con varias. Sirve para dedicarte a la relación que mantienes con tu pareja, los hijos, los miembros de tu familia, los amigos, los animales domésticos... y olvidarte de tus objetivos personales durante un rato. Si tienes una familia, has de repartir por igual tu tiempo para poder estar con tu mujer, a solas con tus hijos, y con toda la familia junta. Y si vives sólo con tu pareja, has de repartir el tiempo entre ella y tus amigos. Cuando bajas el ritmo y haces un hueco para estar con los demás, estás ocupándote de tu necesidad básica de intimidad, contacto humano, afecto, validación y apoyo. Satisfacer estas necesidades básicas es vital para tu bienestar. Si no dedicas el tiempo suficiente a las relaciones que consideras importantes, probablemente sufrirás, y las personas que más te importan, también.

¿Cómo puedes tener más tiempo libre (de las tres clases) en tu vida? Para ello has de comprometerte a llevar un estilo de vida más relajado y fácil, distinto del que los vecinos y el resto del mundo llevan. Reservarte un tiempo para descansar, divertirte y relacionarte con los demás tal vez te resulte difícil al principio, pero con el paso del tiempo te será más fácil y gratificante. Para algunas personas se traduce en una importante decisión en la que llevar una vida más sencilla y equilibrada es más importante que ganar más dinero. Sin embargo, antes de plantearte dejar tu trabajo actual, piensa en cómo puedes cambiar tu escala de valores para dar más importancia al proceso de la vida (cómo vives) en contraposición a los logros y a la productividad (lo que consigues) en tu situación actual. Dedica unos momentos a reflexionar para ver cómo puedes dedicar más tiempo a estas tres maneras de emplear el tiempo libre. Escribe las ideas que se te ocurran sobre ello.

2

Hacer ejercicio: una forma natural de liberar la ansiedad

Hay pocas imágenes que simbolicen mejor la vida cotidiana en nuestra sociedad que un individuo sentado. La mayoría trabajamos sentados, nos divertimos sentados y viajamos sentados. Los avances tecnológicos y la riqueza material del siglo veinte se han traducido en un estilo de vida de una inactividad sin precedentes. El problema es que nuestra evolución física no puede seguir el ritmo de nuestra evolución social. Como el cuerpo humano ha evolucionado en un entorno físicamente exigente, estamos programados para ser activos, aunque ya no sea necesario para sobrevivir. La inactividad mina nuestro bienestar físico y mental. Es un factor que fomenta la obesidad, la hipertensión, la depresión e incluso la ansiedad.

Una forma natural de liberar la ansiedad

Cuando la ansiedad aparece, tu cuerpo activa el mecanismo de luchar o huir. Y esto significa que el sistema nervioso simpático se activa y se libera una descarga de adrenalina. El mensaje que el cuerpo recibe es *¡Prepárate para moverte deprisa!* Al permanecer inactivo ante este estado de activación, se suelen intensificar los síntomas.

El ejercicio es una forma natural de liberar la ansiedad. Si en el momento que los síntomas de ansiedad aparecen haces alguna actividad física, satisfaces el deseo natural del cuerpo de actuar y le estás diciendo a tu mente que el peligro ha pasado y que puede apagar las señales de alarma. Si la sensación de ansiedad aparece en un lugar donde no puedes moverte fácilmente, como cuando estás haciendo cola para pagar en la caja de un supermercado o conduciendo en medio de un denso tráfico, prométete que vas a hacer una actividad física en cuanto puedas.

El valor preventivo del ejercicio

El ejercicio, como muchas de las técnicas que se presentan en este libro, previene y al mismo tiempo contiene la ansiedad. Una de las razones es porque el ejercicio eleva el nivel de *serotonina* en el cerebro y aumenta la actividad de la serotonina en la corteza cerebral. La serotonina es un neurotransmisor, una de las sustancias químicas del cerebro que facilita la transmisión de los impulsos nerviosos. El aumento de la serotonina se asocia con una mejora de los trastornos de ansiedad, por eso muchas personas tienden a mejorar después de tomar medicamentos que contienen *inhibidores selectivos de la recaptación de la serotonina (ISRS)*.

El ejercicio también contrarresta varios factores fisiológicos subyacentes en la ansiedad, por eso las personas que hacen ejercicio con regularidad suelen tener unos episodios de ansiedad más suaves y menos frecuentes. El ejercicio físico:

— reduce la tensión musculoesquelética, la cual es sobre todo responsable de que nos sintamos tensos o «incómodos»

— hace que el metabolismo elimine con más rapidez el exceso de *adrenalina* y *tiroxina* en el torrente sanguíneo (la presencia de estas hormonas tiende a mantenerte en un estado de excitación y vigilancia)

— libera la frustración acumulada, que puede agravar las reacciones fóbicas o de pánico

El ejercicio produce varios beneficios psicológicos que también ayudan a disminuir la ansiedad:

— aumenta la sensación subjetiva de bienestar

— reduce la adicción al alcohol y a las drogas

— reduce el insomnio

— mejora la concentración y la memoria

— reduce la depresión

— aumenta la autoestima

— aumenta la sensación de control sobre el estrés y la ansiedad

El ejercicio también produce otros beneficios fisiológicos:

— aumenta la oxigenación de la sangre y el cerebro, lo cual incrementa la atención y la concentración

— estimula la producción de *endorfinas,* unas sustancias naturales del cerebro parecidas a la morfina tanto químicamente como en sus efectos, con lo que la sensación de bienestar aumenta

— mejora la circulación

— mejora la digestión y la asimilación de la comida

— mejora la eliminación (de la piel, pulmones e intestinos)

— baja los niveles de colesterol

— baja la presión arterial

— reduce el peso, y en muchos casos también el apetito

— mejora la regulación del azúcar en la sangre (en el caso de la hipoglucemia)

¿Estás preparado para seguir un programa de ejercicio físico?

Hay ciertas condiciones físicas que pueden limitar la cantidad y la intensidad de ejercicio que debas hacer. Hazte las ocho preguntas siguientes antes de empezar un programa de ejercicio físico. Si alguna de ellas es afirmativa, consúltalo con el médico antes de poner en práctica el programa. Puede que te aconseje hacer uno limitado o supervisado adaptado a tus necesidades.

1. ¿Te ha dicho el médico alguna vez que tenías un problema cardíaco?
2. ¿Sueles sentir dolor en el corazón o en el pecho?
3. ¿Te desmayas o te sientes mareado con frecuencia?
4. ¿Te ha dicho el médico alguna vez que tenías algún problema en los huesos o en las articulaciones (como artritis) que pudiera agravarse con el ejercicio?
5. ¿Te ha dicho el médico alguna vez que tu presión arterial era demasiado alta?
6. ¿Eres diabético?
7. ¿Tienes más de cuarenta años y no estás acostumbrado a hacer un ejercicio vigoroso?
8. ¿Hay alguna otra razón física que no se haya citado por la que no debas realizar un programa de ejercicio físico?

Si has respondido negativamente a todas las preguntas, puedes tener casi la completa seguridad de que estás preparado para empezar un programa de ejercicio físico. Empieza a ponerlo en práctica lentamente y ve aumentado la actividad poco a poco a lo largo de las semanas. Si tienes más de cuarenta años y no estás acostumbrado a hacer ejercicio, antes de empezar este programa planea ir a ver al médico para que te haga una revisión. Al principio también puede serte útil tener al lado a una persona que te ayude a practicarlo. Si crees que el ejercicio te da miedo, empieza a hacerlo poco a poco, sólo durante varios minutos y luego ve aumentando paulatinamente el tiempo para irte acostumbrando a él.

Cómo optimizar los efectos reductores de la ansiedad del ejercicio

Para que el ejercicio reduzca significativamente la ansiedad has de hacerlo con suficiente regularidad, intensidad y duración. Las siguientes pautas te ayudarán a aprovechar al máximo el programa de ejercicios:

— Lo ideal es hacer algún ejercicio aeróbico. Las formas más comunes de este tipo de ejercicio incluyen caminar con un ritmo rápido (durante una hora), correr, pedalear vigorosamente, nadar al estilo crol, hacer aeróbic y saltar a la comba.

— Haz ejercicio de cuatro a cinco veces a la semana durante veinte o treinta minutos.

— La intensidad óptima del ejercicio aeróbico es un ritmo cardíaco de *(220 - tu edad) × 0,75* durante al menos diez minutos.

Pulsaciones en el aeróbic por edades

Edad	Pulsaciones (cardíacas)
20-29	145-164
30-39	138-156
40-49	130-148
50-59	122-140
60-69	116-132

— Evita hacer ejercicio sólo una vez a la semana. Hacer ejercicio únicamente de vez en cuando es estresante para el cuerpo y en general es más perjudicial que beneficioso. (Caminar es una excepción.)

Ejercítate según tus necesidades

La clase de ejercicio que elijas depende de tus objetivos. Para disminuir la ansiedad, el ejercicio aeróbico suele ser el más eficaz. El ejercicio aeróbico requiere una continua actividad de los músculos de mayor tamaño. Reduce la tensión musculoesquelética e incrementa el condicionamiento cardiovascular y la capacidad del sistema circulatorio de transportar oxígeno a los tejidos y a las células con mayor eficacia. Un ejercicio aeróbico regular reduce el estrés y aumenta la resistencia.

Los ejercicios aeróbicos van bien para estar en forma, pero quizá también desees obtener otros resultados. Si para ti es importante desarrollar la musculatura, puedes incluir en tu programa levantamiento de pesas o ejercicio isométrico. (Si tienes algún problema cardíaco o una angina de pecho, probablemente no debas levantar pesas o hacer musculación.) La clase de ejercicio que conlleva estiramientos, como bailar o hacer yoga, es ideal para desarrollar la flexibilidad muscular y un buen complemento para el ejercicio aeróbico. Si deseas perder peso, el correr o ir en bicicleta son probablemente las actividades más efices. Si para ti es importante descargar la agresividad o la frustración, puedes probar los deportes competitivos. Y si deseas estar en contacto con la naturaleza, lo más adecuado es el excursionismo o la jardinería. Una intensa caminata por el campo aumenta tanto la fuerza física como la resistencia.

A muchas personas les resulta útil variar el tipo de ejercicio que practican. Hacer dos o más clases distintas de ejercicio alternando los días en que se practica se llama a veces *entrenamiento cruzado*. Este método te da la oportunidad de desarrollar un estado físico más equilibrado al trabajar distintos grupos de músculos. Las combinaciones más comunes consisten en hacer ejercicio aeróbico (como correr o ir en bicicleta) de tres a cuatro veces a la semana y ejercicio socializador (como el golf), o de musculación, dos veces a la semana. Seguir un programa con dos clases distintas de ejercicio impedirá que las sesiones se vuelvan aburridas.

A continuación encontrarás una breve descripción de algunas de las clases más comunes de ejercicio aeróbico. Cada una tiene sus ventajas y posibles desventajas.

Correr

Durante muchos años hacer footing o correr ha sido el ejercicio aeróbico más popular, quizá por su conveniencia. El único equipo que necesitas son unas zapatillas deportivas para correr, y para llevarlo a cabo en muchos casos sólo necesitas salir de casa. Correr es una de las formas más eficaces para perder peso, ya que quema las calorías rápidamente. Un gran número de estudios han demostrado que este deporte es muy beneficioso para combatir la depresión, ya que aumenta tanto los niveles de endorfina como de serotonina en el cerebro. Al correr, la ansiedad disminuye porque el metabolismo quema los excesos de adrenalina y la tensión musculoesquelética desaparece. Si recorres corriendo un trayecto de cinco kilómetros (aproximadamente treinta minutos) de cuatro a cinco veces a la semana, tu vulnerabilidad a la ansiedad seguramente disminuirá mucho. Corre a un ritmo de un kilómetro y medio cada doce minutos.

El inconveniente de correr es que al cabo de un cierto tiempo tienes más probabilidades de sufrir alguna lesión. Los constantes impactos que reciben las articulaciones pueden acabar creando problemas en los pies, las rodillas y la espalda, sobre todo si corres en superficies duras. Puedes minimizar el riesgo de lesionarte:

— Adquiriendo un calzado adecuado, el que minimiza los impactos que reciben las articulaciones.

— Corriendo en superficies blandas: preferiblemente sobre hierba, tierra, un sendero o una playa de arena apisonada. Si es posible, evita correr en superficies de cemento; el asfalto no produce problemas si llevas un calzado adecuado y no corres cada día.

— Caliéntate antes de empezar. Empieza a correr lentamente durante un minuto o dos.

— Alterna el correr con otras clases de ejercicio. Evita correr todos los días.

Si correr al aire libre es un problema por el mal tiempo, la falta de una superficie blanda, la contaminación o el tráfico, puedes adquirir una cinta de correr. Para que la actividad no te resulte tan aburrida, coloca la cinta delante del televisor o del reproductor de DVD.

Natación

Nadar es un ejercicio especialmente beneficioso porque utiliza muchos músculos del cuerpo distintos. Los médicos suelen recomendar este deporte a las personas con problemas musculoesqueléticos, lesiones o artritis porque minimiza los impactos en las articulaciones. No es tan eficaz para perder peso como correr, pero fortalece los músculos.

Para un condicionamiento de nivel aeróbico, es mejor nadar a crol de veinte a treinta minutos, si es posible cuatro o cinco veces a la semana. Para un ejercicio moderado y relajante, la braza es una agradable opción. En general, es mejor nadar en una piscina descubierta climatizada en la que la temperatura del agua sea de veinticuatro a veintiséis grados.

El mayor inconveniente de la natación es que el agua de las piscinas contiene una gran cantidad de cloro. Esta sustancia puede irritarte los ojos, la piel o el cabello, y también las membranas de la parte superior de las vías respiratorias. Contrarrestarás en parte estos efectos si al nadar te pones unas gafas y unas pinzas de nariz. Si tienes suerte, quizá encuentres una piscina tratada con ozono o que utilice agua oxigenada como desinfectante. Si tu piscina tiene cloro, es una buena idea tomar después de nadar una ducha con jabón para eliminarlo del cuerpo.

Ciclismo

En los últimos años ir en bicicleta se ha convertido en un ejercicio aeróbico muy popular. Comparte muchos de los beneficios que aporta correr y además es menos perjudicial para las articulaciones. Para un condicionamiento aeróbico, has de pedalear vigorosamente a una velocidad de unos veinticuatro kilómetros por hora o más en una superficie plana. Cuando hace buen tiempo, este deporte es muy agradable, sobre todo si el paisaje es bonito y hay poco tráfico, o si el lugar por el que circulas tiene un carril para bicicletas. Si hace mal tiempo, puedes hacer ejercicio en casa con una bicicleta estática, a ser posible delante del televisor o del reproductor de DVD.

Si deseas hacer este deporte al aire libre necesitarás invertir en una buena bicicleta. Quizá al principio prefieras que alguien te preste una hasta que te sientas preparado para comprarla. Asegúrate de que la bicicleta que compres tenga el diseño y el tamaño adecuados para tu cuerpo, de lo contrario podría causarte problemas. Un sillín bien almohadillado es una buena inversión.

Cuando empieces a ir en bicicleta, dedícate varios meses antes a ir a una velocidad de veinticuatro kilómetros por hora, es decir, un kilómetro y medio cada cuatro minutos. Si vas en bicicleta durante una hora, de tres a cinco veces por semana, será ya suficiente. Asegúrate de ponerte el casco y procura no conducir de noche.

Clases de aeróbic

La mayoría de las clases de aeróbic se componen de estiramientos para calentarse y de ejercicios aeróbicos dirigidos por un instructor. Suelen realizarse con música. Las clases se imparten en general en los gimnasios y hay varios niveles, uno para principiantes, uno intermedio y uno avanzado. Hay distintas clases de aeróbic, aunque en los últimos tiempos las preferidas son el *body pump* y el *spinning,* unas modalidades ideadas para mejorar el estado físico y también la fuerza y la resistencia. Como algunos de los ejercicios pueden crear pequeños traumatismos en las articulaciones, intenta encontrar una clase de aeróbic de bajo impacto. La estructura de una clase de aeróbic es tan amena que te motivará para hacer ejercicio. Pero si ya estás motivado y prefieres hacer ejercicio en casa, en el mercado encontrarás muchos vídeos de calidad de aeróbic.

Si decides hacer esta clase de deporte adquiere un buen calzado que estabilice los pies, absorba los impactos y minimice las torceduras. Es mejor practicar aeróbic en un suelo de madera, si es posible evita las alfombras gruesas. Basta con hacer una sesión de cuarenta y cinco minutos a una hora (incluyendo el calentamiento), de tres a cinco veces por semana.

Caminar

Caminar tiene más ventajas que cualquiera de las otras clases de ejercicio. En primer lugar, no requiere ninguna preparación, porque ya sabes cómo hacerlo. En segundo lugar, no precisa nin-

gún equipo, salvo un par de zapatos, y puedes caminar prácticamente en cualquier parte, incluso en un centro comercial si es necesario. Además en esta clase de ejercicio hay menos posibilidades
de lesionarse. Y, por último, es la actividad más natural. Todos tenemos la inclinación natural a andar. Andar ha sido una parte integral de la vida, hasta que la sociedad se ha vuelto sedentaria.

Andar para relajarte y distraerte es una cosa y andar para realizar un acondicionamiento aeróbico es otra muy distinta. Si deseas hacer un ejercicio intenso, intenta andar cerca de una hora a un
ritmo lo bastante rápido como para recorrer cinco kilómetros. Una
caminata de veinte a treinta minutos en general no es suficiente
para alcanzar el nivel de un acondicionamiento aeróbico. Si caminar es tu forma regular de hacer ejercicio, hazlo de cuatro a cinco
veces por semana, preferiblemente al aire libre. Si crees que hacer
una intensa caminata de una hora no es suficiente para ti, intenta
ponerte unas pesas de mano o encontrar una zona con colinas. O
si lo prefieres, puedes ajustar la cinta de correr a un nivel más intenso y andar en ella.

Para sacar el mayor provecho de las caminatas concéntrate en
mantener una buena postura. Si para ti lo más natural es dejar que
los brazos oscilen en la dirección contraria a la de tus piernas, estarás obteniendo un *acondicionamiento lateral cruzado,* que te ayudará a integrar los hemisferios derecho e izquierdo del cerebro.
También es importante llevar un buen calzado. Busca unas zapatillas deportivas con suelas almohadilladas, un buen arco y una fir-
me sujeción en el talón.

Cuando puedas recorrer cómodamente sin parar de cinco a
seis kilómetros, plantéate hacer excursiones —de un día o dos—
por alguna zona natural de tu provincia o región, o por un parque
nacional. El excursionismo te revitalizará tanto el cuerpo como el
alma.

El ejercicio ha de ser (¡uf, uf!) divertido

El ejercicio ha de ser interesante y divertido, es importante
que sea así desde el principio para que lo mantengas. Hay varias
formas de lograrlo. Si no necesitas quedarte en casa, intenta hacer

ejercicio al aire libre, preferiblemente en un entorno natural atractivo como un parque o, mejor aún, en el campo. Si practicas un deporte como nadar, ir en bicicleta o correr, intenta encontrar alguien que te acompañe al menos algunas veces para que te resulte más ameno. Si no tienes más remedio que hacer ejercicio en casa por alguna limitación personal o por el mal tiempo, mientras utilizas la bicicleta estática o la cinta de correr pon música o mira alguna película. ¡Algunas personas incluso aprenden idiomas mientras hacen ejercicio!

«El perro se ha comido mis zapatillas deportivas»

Si eres capaz de inventarte cualquier excusa para no hacer ejercicio, no eres el único. Pero esto no significa que debas sucumbir a ella. El ejercicio es un elemento esencial para aliviar la ansiedad de forma natural, no un elemento complementario. Si combinas un ejercicio aeróbico regular con un programa de relajación profunda, sentirás que tu ansiedad disminuye notablemente, ya sean los ataques de pánico o las preocupaciones cotidianas. El ejercicio y la relajación profunda son los dos métodos más eficaces para cambiar una predisposición congénita a la ansiedad, esa clase de ansiedad que no aprendiste sino que heredaste. Si encuentras un sinfín de excusas para no hacer ejercicio, te resultará útil recordarlo.

Excusas, excusas, excusas

A continuación encontrarás algunas de las excusas más comunes para no hacer ejercicio y unas razones para no hacerles caso.

«No tengo tiempo.» Lo que realmente estás diciendo es que no quieres buscarlo. No estás dando la suficiente importancia al mejor estado físico, al bienestar y al mayor control sobre la ansiedad que conseguirás con el ejercicio físico. No es una cuestión de tiempo, sino de prioridades.

«Estoy demasiado cansado.» Una solución es hacer ejercicio antes de ir a trabajar —o en el descanso del mediodía— en lugar de dejarlo para el final del día. Si te resulta imposible, no te rindas. Lo que muchas personas no saben es que un ejercicio moderado *elimina* el cansancio. Muchas hacen ejercicio aunque se sientan cansadas y después descubren que se sienten rejuvenecidas y llenas de energía. Las cosas te irán mejor cuando hayas superado la inercia inicial que te impide hacer ejercicio.

«El ejercicio es aburrido, no lo encuentro divertido.» ¿Realmente crees que *todas* las actividades que se acaban de citar son aburridas? ¿Las has probado todas? Para que te resulte más divertido intenta encontrar a alguien con quien hacer ejercicio. O prueba dos clases distintas de ejercicio para estimular tu interés. Al cabo de varios meses de hacer ejercicio, empezarás a sentirte de maravilla, ya que es una actividad gratificante de por sí, aunque al principio te resulte difícil practicarlo.

«Es demasiado complicado ir a algún lugar a hacer ejercicio.» Esto no es ningún problema, también puedes hacer un intenso ejercicio cómodamente en tu hogar. En los últimos tiempos la bicicleta estática y la cinta de correr se han puesto muy de moda, y trabajar veinte minutos diarios con uno de estos aparatos es un buen ejercicio. Si lo encuentras aburrido, escucha música con un CD portátil o un walkman, o coloca la bicicleta estática o la cinta de correr frente al televisor. Hacer ejercicio aeróbico en casa es adecuado y divertido si tienes un reproductor de DVD. Otras actividades que puedes hacer sin necesidad de salir son saltar en una cama elástica, hacer calistenia o usar un aparato de remo o un gimnasio universal con pesas ajustables. En algunas cadenas de televisión también ofrecen a primera hora de la mañana programas de ejercicio físico. Si no puedes adquirir el equipo deportivo o un reproductor de DVD, pon música alegre y baila durante veinte minutos. En pocas palabras, es posible seguir un programa adecuado de ejercicios sin salir de casa.

«Con el ejercicio se acumula ácido láctico en el cuerpo. ¿No es la sustancia causante de ataques de pánico?» Es cierto que el ejercicio aumenta la producción de ácido láctico y que esta sustancia puede favorecer los ataques de pánico en algunas personas proclives a ellos. Sin embargo, el ejercicio regular también aumenta *la renovación del oxígeno*, la capacidad del cuerpo para oxidar las sustancias que no necesita, incluyendo el ácido láctico. Cualquier exceso de ácido láctico producido por el ejercicio se compensará con la mayor capacidad del cuerpo para eliminarlo. El resultado global de hacer ejercicio con regularidad es una *disminución* general de la tendencia del cuerpo a acumular ácido láctico.

«Tengo más de cuarenta años, soy demasiado viejo para ponerme a hacer ejercicio.» A no ser que tu médico te dé una razón muy clara por la que no debas hacer ejercicio, la edad nunca es una excusa válida. A base de paciencia y perseverancia se puede alcanzar una forma física excelente en casi cualquier edad. Piensa en los muchos sesentones y setentones que participan en trialones.

«Estoy demasiado gordo y en baja forma» o «Me da miedo tener un infarto si fuerzo mi cuerpo con un ejercicio vigoroso.» *Si te preocupa estresar tu corazón por algún problema físico que tengas, asegúrate de elaborar tu programa de ejercicios con la ayuda del médico.* Caminar con energía es un ejercicio seguro para casi todo el mundo y algunos médicos lo consideran el ejercicio ideal, ya que raras veces causa lesiones musculares ni óseas. La natación también es un deporte seguro si estás en baja forma o tienes sobrepeso. Sé sensato y realista al elegir tu programa de ejercicios. Lo más importante es ser constante y cumplidor, tanto si tu programa consiste en caminar cada día una hora como en entrenarte para un maratón.

«Antes ya intenté hacer ejercicio, pero no me funcionó.» Pregúntate por qué no te funcionó. ¿Empezaste con demasiada dureza o rapidez? ¿Te aburriste? ¿Lo dejaste al sentir las primeras agujetas? ¿Te sentiste solo al hacer ejercicio sin compañía? Quizá haya llegado el momento de darte otra oportunidad para descubrir los beneficios físicos y psicológicos que aporta un programa de ejercicio regular.

3

Alimenta el cuerpo y la mente con una dieta sana

Aunque en los últimos años se haya escrito extensamente sobre la relación que existe entre la comida y el estado de ánimo, muchos de nosotros aún no tenemos en cuenta la dieta al pensar en la ansiedad. Sin embargo, una dieta sana y equilibrada es un elemento importante en cualquier plan para superar la ansiedad y sentirse bien, ya que hay unos alimentos que fomentan la tranquilidad y la estabilidad, y otros que aumentan la ansiedad y el estrés. ¿Has pensado alguna vez en la relación que existe entre la cantidad de azúcar que consumes y tu ansiedad? ¿O sobre el papel que la cafeína desempeña en tus síntomas? ¿Sabías que tomar una cantidad insuficiente de proteínas puede agravar la ansiedad? En este capítulo aprenderás lo más básico para seguir una dieta que fomenta la tranquilidad y el bienestar general.

Tres alimentos culpables

Cuando te sientas preparado para adoptar una dieta que alimente la tranquilidad, considera cómo puedes minimizar el impacto de los tres factores dietéticos que son los que más potencian la ansiedad: un exceso de cafeína, un exceso de azúcar y consumir alimentos que te producen alergia. Quizá te resulte difícil reducir la cantidad de cafeína y azúcar en tu dieta, sobre todo si tienes la costumbre de consumir estas sustancias en exceso, pero si lo haces podrás controlar más tu ansiedad y estarás más sano. Identificar y eliminar los alimentos a los que eres alérgico puede ser duro porque suelen ser los que más te gustan, pero vale la pena hacerlo.

La cafeína

Si tuviéramos que hacer una lista de los productos que más fomentan la ansiedad, la encabezaría la cafeína, ya que estimula directamente varios sistemas del cuerpo. Esta sustancia al aumentar en el cerebro el nivel de la *norepinefrina*, un neurotransmisor, hace que te sientas más alerta y despierto. También aumenta la actividad del sistema nervioso simpático y desencadena la liberación de adrenalina, al igual que lo hace el estrés. La cafeína consume además vitamina B_1 (*tiamina*), una de las llamadas vitaminas antiestrés. De ahí que esta sustancia merezca encabezar la lista.

El consumo diario de cafeína. Cualquier persona propensa a la ansiedad ha de reducir el consumo de cafeína al menos a sesenta miligramos diarios, que equivale a una tacita de café instantáneo o a una taza de té normal. Recuerda que la cafeína no sólo se encuentra en el café, sino en muchas clases de té, soda, chocolate, cacao y en algunos fármacos que se adquieren sin receta. Si no quieres consumir más de sesenta miligramos diarios, una tacita de café instantáneo o una Coca-Cola light al día equivalen a tu consumo máximo. Los estimulantes como la *efedrina* y la *efetonina* imitan los efectos de la cafeína, así que intenta también evitarlos.

Contenido de cafeína en algunos productos muy comunes

Bebidas calientes	Cafeína por taza
Café de cafetera	146 mg
Café instantáneo	66 mg
Café de cafetera eléctrica	110 mg
Cacao	13 mg
Café descafeinado	4 mg
Té en polvo, cinco minutos de infusión	40 mg
Té en bolsitas, cinco minutos de infusión	46 mg
Té en bolsitas, un minuto de infusión	28 mg

Sodas	Cafeína por lata de 33 cl
Coca-Cola	65 mg
Mountain Dew	55 mg
Pepsi-cola	43 mg

Medicamentos sin receta	Cafeína por tableta
Anancin	32 mg
Caffedrina	200 mg
Empirin	32 mg
Excedrin	65 mg
Midol	132 mg
No-Doz	100 mg
Vivarin	200 mg

Otros

Chocolate	25 mg por una tableta de tamaño mediano

Sensibilidad a la cafeína. Algunos de nosotros somos más sensibles a los efectos de la cafeína que otros. Si eres sensible a ella, probablemente sólo con tomar una taza de té o una Coca-Cola ya te sientas nervioso, y quizá incluso una cantidad más pequeña de cafeína te impida dormir por la noche o te desencadena un ataque de pánico. Algunas personas recuerdan que su primer ataque de pánico lo causó un excesivo consumo de cafeína. Si eres sumamente sensible a los efectos de la cafeína, es mejor que la evites. Y si no lo eres tanto, intenta averiguar cuál es la cantidad adecuada de cafeína que puedes tomar, aunque la mayoría de las personas que sufren ansiedad no han de consumir más de cincuenta miligramos al día.

El mono de la cafeína. Al igual que ocurre con las drogas adictivas, el consumo crónico de cafeína fomenta cada vez un mayor consumo de esta sustancia y puedes llegar a experimentar los síntomas adictivos que produce. Si hace tiempo que te tomas cinco tacitas de café diarias y de pronto decides tomar sólo una, experimentarás el mono de la cafeína que incluye fatiga, depresión y dolores de cabeza. Es mejor ir reduciendo poco a poco la cantidad de café durante un mes o dos. Algunas personas prefieren sustituirlo por una tacita de café descafeinado, ya que sólo contiene cuatro miligramos de cafeína, y otras, por tisanas.

Azúcar

En mi país actualmente casi todo el mundo suele consumir ¡unos 55 kilos de azúcar por año! Si viviésemos en una época anterior al siglo veinte, sería lógico deducir de ello que el nivel de vida debía de ser muy alto, ya que antes los únicos que podían darse ese lujo eran las personas muy ricas.

Hoy día el azúcar es prácticamente un ingrediente básico en la dieta americana. En realidad, muchos de nosotros tomamos a diario uno o dos postres. Y el azúcar no sólo se encuentra en las galletas y los pasteles, sino también en los cereales, los aliños para la ensalada, la carne procesada y otros productos. Si añadimos el consumo regular de sodas con una elevada cantidad de azúcar y de tés y cafés endulzados con azúcar, es la época de la historia en que más azúcar se consume. Es lógico que nuestro cuerpo no pueda asimilar el montón de azúcar que solemos tomar.

Un excesivo consumo de azúcar puede crear una disfunción crónica en el metabolismo del azúcar. A algunas personas esta disfunción les produce una excesivo nivel de azúcar en la sangre o incluso una diabetes, una dolencia que en el siglo veintiuno se está extendiendo cada vez más. Y a una cantidad incluso mayor de personas les crea el problema opuesto: el nivel de azúcar desciende periódicamente a un nivel inferior al normal, una condición llamada *hipoglucemia*.

Hipoglucemia

¿Qué te viene a la cabeza cuando lees la siguiente lista de síntomas?

— Sensación de mareo.
— Confusión mental o desorientación.
— Temblores.
— Sensación de falta de equilibrio o de debilidad.
— Irritabilidad.
— Palpitaciones.

¿Creíste que se trataba de un *ataque de pánico*? Si es así quiza te sorprendas al saber que también son los síntomas de la hipoglucemia, que suelen aparecer cuando el nivel de azúcar en la sangre es inferior a los 50 o 60 miligramos por mililitro, o cuando cae de un nivel alto a uno bajo. Muchas personas con hipoglucemia descubren que su «pánico» desaparece después de haber comido algo. Si tienes cualquiera de estos síntomas al cabo de tres o cuatro horas de haber comido y desaparecen en cuanto comes algo, debes preguntarle al médico si podrías padecer hipoglucemia. La mayoría de las personas con problemas de ansiedad descubren que sus reacciones de pánico o de ansiedad no se relacionan necesariamente con unos bajos niveles de azúcar en la sangre. Sin embargo, la hipoglucemia suele agravar tanto la ansiedad generalizada como los ataques de pánico que tienen otros orígenes.

La hipoglucemia se puede diagnosticar formalmente por medio del *test de seis horas de la tolerancia a la glucosa*. Después de un ayuno de doce horas, te hacen tomar una solución con una alta concentración de azúcar. Y durante seis horas van midiendo tu sangre cada media hora. Si tienes desde una moderada a una aguda hipoglucemia, el test dará un resultado positivo. Por desgracia, el test no capta muchos casos suaves de hipoglucemia. Es muy posible experimentar unos síntomas subjetivos de bajo nivel de azúcar en la sangre y en cambio al hacerte el test, salir negativo. Cualquiera de los siguientes síntomas subjetivos sugieren un estado de hipoglucemia:

— Sentirse ansioso, mareado, débil o irritable al cabo de tres o cuatro horas de comer (o en medio de la noche), y sentirse aliviado después de varios minutos de haber comido.

— Sentirse «colocado» después de consumir azúcar, un estado que se transforma en depresión, irritabilidad o confusión al cabo de veinte o treinta minutos.

— Sentir ansiedad, nerviosismo o incluso palpitaciones o pánico en las primeras horas de la mañana, entre las 4 y las 7. (El nivel de azúcar en la sangre es más bajo por la mañana porque no has comido nada en toda la noche.)

Por suerte es posible superar los problemas de un bajo nivel de azúcar en la sangre haciendo unos cambios importantes en la dieta y tomando ciertos suplementos nutricionales.

Cambios dietéticos para combatir la hipoglucemia. Los siguientes cambios dietéticos te ayudarán si sufres hipoglucemia:

— Intenta eliminar toda clase de azúcar en tu dieta. Lo cual incluye los productos que contienen azúcar blanco o sacarosa, como los caramelos, helados, pasteles y sodas. La miel, el azúcar moreno, el jarabe de arce, los edulcorantes a base de maíz, las melazas, la maltosa, la dextrosa y la fructosa también contienen unas sutiles formas de azúcar. Lee la etiqueta de los productos procesados para detectar cualquiera de estas clases de azúcar. Si sientes el deseo de comer algo dulce, hazlo después de comer y en una cantidad pequeña.

— Sustituye los dulces por fruta (que no sea fruta desecada, contiene demasiado azúcar). Evita los zumos de fruta o utiliza sólo un poco de zumo para potenciar el sabor del agua.

— Reduce los hidratos de carbono simples, se encuentran en la pasta, los cereales refinados, las patatas o los nachos y el pan blanco. Sustitúyelos por *hidratos de carbono* complejos, se encuentran en el pan y los cereales integrales, el arroz integral y las verduras, que tienen un bajo índice glucémico. El índice glucémico indica la velocidad a la que sube el nivel de azúcar en la sangre después de comer un determinado alimento. Cuanto más bajo sea el índice producido por el alimento, con más suavidad subirá el nivel de azúcar en la sangre y menos estrés causará al cuerpo. (Para más información sobre el índice glucémico, véanse al final del libro las obras de Barry Sears y Andrew Weil en la sección «Lecturas recomendadas y recursos».)

— Entre las comidas, a las 10.30 o 11 de la mañana, y sobre todo a las 4 o 5 de la tarde, come algún alimento que contenga hidratos de carbono complejos (como galletas saladas integrales y queso, una tostada de pan integral con atún o frutos secos como almendras o anacardos). No comas dulces entre las comidas. Si te despiertas temprano por la mañana, también descubrirás que picar algo de comida te ayudará a dormir un par de horas más. En lugar de comer entre las comidas, si lo prefieres puedes hacer cuatro o cinco pequeñas comidas al día cada dos o tres horas. Cualquiera de estas dos opciones sirve para que el nivel de azúcar en la sangre sea más estable.

Suplementos nutricionales para la hipoglucemia. Los siguientes suplementos te ayudarán a tratar la hipoglucemia:

— Vitamina del complejo B: toma de 50 a 100 mg al día de las once clases de vitamina B en las comidas (cuando estés estresado, tómala dos veces al día).

— Vitamina C: 1.000 mg dos veces al día en las comidas.

— Picolinado de cromo: de 200 a 400 μg al día.

— Glutamina: 500 mg media hora antes de almorzar y media hora antes de cenar (este aminoácido te ayudará a disminuir el deseo de comer algo dulce).

— Magnesio: de 200 a 600 mg al día.

La vitamina del complejo B y la vitamina C te ayudarán a ser más resistente al estrés y limitarán las oscilaciones del nivel del azúcar en la sangre. La vitamina B también te ayudará a regular los procesos metabólicos que convierten los hidratos de carbono en azúcar en el cuerpo. El cromo ejerce un efecto estabilizador directo sobre el nivel de azúcar en la sangre al facilitar el proceso a través del cual la insulina transporta el azúcar a las células. También se ha descubierto que el magnesio ayuda a estabilizar el nivel de azúcar en la sangre.

Alergias alimentarias

Una reacción alérgica ocurre cuando el cuerpo intenta combatir la intrusión de una sustancia extraña. El cuerpo de algunas personas al ingerir determinados alimentos los reconoce como una sustancia extraña, que les causa no sólo los síntomas alérgicos clásicos como gotear la nariz, mucosidades y estornudos, sino también un montón de síntomas psicológicos o psicosomáticos, incluyendo cualquiera de los siguientes:

— ansiedad o pánico
— depresión o cambios de humor
— mareos
— irritabilidad
— insomnio
— dolores de cabeza
— confusión y desorientación
— fatiga

Muchas personas sólo tienen esta clase de reacciones al consumir un determinado alimento con exceso, al comer una combinación de alimentos inadecuados, o al estar bajos de defensas por un resfriado o una infección. En cambio, otras son tan sensibles incluso a una pequeña cantidad de alimento inadecuado que puede provocarles unos síntomas debilitadores. Los síntomas psicológicos más sutiles suelen aparecer más tarde, por lo que resulta difícil relacionar el alimento con el síntoma.

En nuestra cultura los dos productos que más reacciones alérgicas causan son la leche o los lácteos, y la harina. La *caseína* de la leche y el *gluten* de la harina (ambos una clase de proteínas) son los que frecuentemente causan los problemas. Otros productos que pueden producir una respuesta alérgica son el alcohol, el chocolate, los cítricos, el maíz, los huevos, el ajo, los cacahuetes, la levadura, el marisco, los productos a base de soja y los tomates. Uno de los signos más reveladores de ser alérgico a algún alimento es el deseo de consumirlo. Uno tiende a desear los alimentos que le producen alergia. Aunque el chocolate sea el ejemplo más claro, si descubres que deseas comer compulsivamente pan (blanco), nachos (maíz), productos lácteos o cualquier otra clase de alimentos, también has de tenerlo en cuenta. En muchas ocasiones no descubres hasta al cabo de muchos años que los alimentos que más te gustaban eran aquellos que producían un sutil aunque perjudicial efecto sobre tu estado de ánimo y bienestar.

¿Cómo puedes saber si una alergia alimentaria está empeorando tu problema de ansiedad? Un doctor especializado en nutrición puede hacerte unos tests clínicos para averiguar si eres alérgico a algún alimento. La *prueba radioalergosorbente* (RAST) y el *análisis inmunosorbente unido a enzimas* (ELISA) son probablemente los más seguros. Estos tests sanguíneos miden la cantidad de anticuerpos que produces al reaccionar ante una amplia gama de alimentos. Una elevada cantidad de anticuerpos en la sangre después de haber estado expuesto a un particular alimento, indica que te provoca alergia. Estos tests proporcionan un detallado perfil de todos los alimentos a los que eres alérgico y son una útil herramienta para diagnosticar una alergia.

También hay otros tests no científicos menos concluyentes que puedes realizar por ti mismo. El *test de eliminación* es uno de ellos. Si deseas saber si eres alérgico a la harina, elimina de tu dieta todos los productos a base de harina durante dos semanas y observa si te sientes mejor. Al final de las dos semanas, consume una gran cantidad de harina y controla atentamente los síntomas que surjan durante las veinticuatro horas siguientes. Después de la harina, haz la prueba con los productos lácteos. Es importante que sólo pruebes con una clase de alimento cada vez para no confundir los resultados. Otra forma no científica de saber si eres alérgico a un producto es tomarte el pulso después de una comida. Si ha subido más de diez pulsaciones por minuto por encima del nivel normal, es posible que hayas comido algo que te produce alergia.

La buena noticia es que probablemente no hayas de renunciar para siempre a un alimento de este tipo. Después de estar varios meses sin consumirlo, puedes comerlo de nuevo de vez en cuando sin que te perjudique. Por ejemplo, en lugar de comer pan en casi todas las comidas, descubrirás que te sientes mejor si sólo lo tomas un par de veces por semana.

En algunas personas las alergias alimentarias son un factor que fomenta un exceso de ansiedad y cambios de humor. Si sospechas que tú eres una de ellas, lo mejor que puedes hacer es ir a ver a un médico o a un naturópata cualificado para que te diagnostique si tienes alguna alergia alimentaria.

Alimenta el bienestar con una dieta natural

Seguir una dieta rica en productos integrales naturales es fundamental para sentirte bien y reducir tu tendencia a la ansiedad. En general, cuanto menos procesados estén los alimentos, más saludables son. Las verduras frescas crudas son más sanas que las cocinadas, las congeladas o las enlatadas. Una manzana te dará más energía que una bolsa de palomitas. Haz todo lo posible por consumir alimentos naturales que no estén procesados. Entre ellos se incluyen las frutas y verduras frescas, los cereales integrales, los cereales sin refinar, las legumbres, los frutos secos, el pescado fresco y el pollo de granja. También es importante consumir una variedad de productos para satisfacer la amplia gama de necesidades del cuerpo. Tu menú habitual ha de incluir hidratos de carbono, los encontrarás en las verduras y los cereales integrales; grasas, las encontrarás en los aceites y frutos secos; y proteínas, las encontrarás en el pollo, el pescado de aguas frías (el salmón, por ejemplo), los huevos y los productos a base de soja.

¿Por qué es mejor consumir menos productos procesados?

El contenido nutritivo de los productos procesados disminuye de dos formas. En primer lugar, el alimento se fragmenta a nivel celular. Por ejemplo, en el proceso de fabricación de la harina refinada, se eliminan el salvado y el germen de la harina, dejando sólo la pulpa. En el proceso se eliminan veinte nutrientes distintos. Cuando la harina se «enriquece» después de este proceso, sólo recupera cuatro nutrientes. En segundo lugar, como los productos procesados contienen aditivos y conservantes que ya se han refinado o fragmentado, su valor nutritivo es menor, y al consumirlos en grandes cantidades pueden ser perjudiciales para la salud.

Los alimentos habituales ya no son una opción natural

Aunque nadie pueda seguir una dieta perfecta todo el tiempo, es importante intentar alimentarse bien siempre que sea posible. Lo cual significa valorar toda la gama de productos que hay en el mercado y estar informado para saber elegir los mejores. Si deseas comer algo dulce, prepara una ensalada de frutas en lugar de comer una barrita de chocolate. En lugar de zamparte una bolsa de patatas fritas cuando alquilas una película, toma varios palitos de zanahoria con una mantequilla de almendras natural. Para muchos de nosotros significa no coger lo primero que se nos ocurre cuando deseamos comer algo dulce o picar. Aunque irónicamente los alimentos habituales ya no sean una opción «natural», intenta hacer que los productos saludables y sanos te atraigan más. Si tu dieta incluye comida basura, al principio quizá te cueste adoptar una dieta más natural, pero si lo haces, será muy beneficioso para tu salud física, emocional e incluso espiritual. Las siguientes sugerencias te servirán para seguir una dieta que fomente el bienestar y una mayor tranquilidad.

Come más hidratos de carbono complejos. Las frutas y verduras frescas, los cereales integrales, el pan integral y las legumbres son ricas en hidratos de carbono complejos. Esta clase de alimentos te aportan fibra, vitaminas, minerales y nutrientes, y además te protegen de las enfermedades crónicas como la diabetes, el cáncer y las enfermedades cardíacas.

Los hidratos de carbono también son una especie de tranquilizantes, ya que aumentan la absorción de *triptófano,* un aminoácido que estimula la producción de serotonina en el cerebro. La serotonina produce un efecto calmante.

Aumenta la cantidad de fibra en tu dieta. Cada vez hay más pruebas que demuestran que la fibra (incluida la celulosa, las resinas, la pectina y la lignina) es un componente esencial para una dieta sana. La fibra reduce el estreñimiento al aumentar el volumen de las heces y la absorción del agua, controla el nivel de azúcar y de lípidos en la sangre al unir los nutrientes, y disminuye el tiempo del tránsito intestinal, reduciendo el riesgo de contraer cáncer de colon y otras enfermedades intestinales. Aunque la cantidad recomendada de fibra sea de 25 a 40 gramos al día, en general sólo se suelen consumir de 5 a 10 gramos. Para aumentar la cantidad de fibra toma con más frecuencia legumbres o productos con salvado, o añade salvado a la comida. O consume verduras crudas o una ensalada como acompañamiento durante el almuerzo y la cena. Es mejor tomar las frutas frescas entre las comidas, ya que a muchas personas les cuesta digerirlas junto con las proteínas. Una cierta cantidad de fibra es necesaria, pero excederse en ella (por ejemplo, con una dieta sólo a base de verduras crudas y cereales integrales), puede estresar el tracto intestinal y hacer que te sientas hinchado después de comer, es mejor ir aumentando el consumo de fibra poco a poco.

Si comes carne roja, elige carne de buey de granja ecológica que no contenga antibióticos. Esta clase de carne es una buena fuente de proteínas y es rica en *carnitina,* una sustancia que fomenta la combustión de grasas, la energía y la agudeza mental. También protege hasta cierto grado al cerebro del estrés.

Consume alimentos variados. La variedad es la sal de la vida y la base de una buena dieta. Al igual que tu vida se compone de una variedad de experiencias y relaciones, tu dieta también ha de contener una variedad de productos. Para estar sano necesitas unos cuarenta nutrientes. Se han clasificado como *macronutrientes* (proteínas, hidratos de carbono y grasas) y *micronutrientes* (vitaminas y minerales). Necesitas tomar una gran cantidad de los primeros y una pequeña cantidad de los segundos. Comer alimentos variados es esencial para satisfacer estas necesidades del cuerpo.

Quizá en el pasado hayas ya intentado consumir una suficiente cantidad de proteínas e hidratos de carbono y pocas grasas. Si es así, lo lograrás eligiendo carnes magras y productos desnatados siempre que sea posible. Si tu dieta incluye una buena cantidad de legumbres, te proporcionará una buena ración de proteínas y pocas grasas. Saber cómo preparar la comida también puede ayudarte. La piel de la pechuga del pollo tiene cinco gramos de grasa, así que es mejor eliminarla. Cocina los alimentos al horno, a la parrilla o asados para comer menos grasas.

Siempre que puedas elige productos ecológicos. Los productos ecológicos son las frutas, verduras y cereales que se han cultivado con abonos naturales y no han sido rociados con pesticidas ni fungicidas. Los residuos de estas sustancias químicas pueden estar presentes en cualquier fruta o verdura que no sea ecológica. En la mayoría de las carnicerías la carne roja y la carne de pollo contienen residuos de esteroides y de antibióticos a no ser que procedan de una granja ecológica. Algunos supermercados, en respuesta a la demanda de los consumidores, ofrecen productos que garantizan tener muy pocos residuos de pesticidas o ninguno. La mayoría de las tiendas naturales ofrecen también productos biológicos.

Si en la zona donde vives no puedes adquirir verduras y frutas ecológicas, los siguientes consejos te ayudarán a minimizar las sustancias químicas que puedan contener los alimentos cultivados de forma convencional:

— Lava las frutas y las verduras a fondo antes de consumirlas.
— Elimina las hojas exteriores de la lechuga, la col y de otras verduras.
— Pela los productos encerados como las manzanas o los pepinos.
— No uses la piel de naranja, limón o lima para cocinar a no ser que sepas que no contienen pesticidas.

Si te gusta la bebida, bebe con moderación. El alcohol aunque sirva para reducir el estrés, produce el molesto efecto de reducir también la realidad. A pesar de que algunos estudios demuestren que un vasito de vino al día fomenta la longevidad, depender del alcohol para afrontar la vida cotidiana es peligrosísimo y acaba creando adicción. Las bebidas alcohólicas tienen muchas calorías y pocos nutrientes. Un exceso de alcohol reduce las vitaminas del grupo B, altera el nivel de azúcar en la sangre, sube la presión y perturba las relaciones. Si bebes alcohol, toma sólo una copa al día.

Come más verduras. Empezaré por lo que ya sabes: las verduras son una fuente excelente de vitaminas, minerales y fibra. La buena noticia es que también pueden ser muy sabrosas. Por desgracia, en una época en que la dieta normal está llena de dulces, sodas y snacks, las verduras brillan por su ausencia. Sin embargo, como lo más probable es que hayas adquirido la costumbre de no comer verduras (a la mayoría de bebés les gusta los potitos de verduras), es posible abandonarla.

Enseñar de nuevo a tu paladar a disfrutar de las verduras es más fácil de lo que crees. A medida que empieces a eliminar los alimentos poco sanos de tu dieta, seguramente irás descubriendo lo deliciosas que están las verduras cuando son frescas y se preparan con creatividad. Si sólo las cocinas ligeramente al vapor, realzarás su sabor. Comer diariamente verduras tanto crudas como cocinadas es una buena idea. Una ensalada compuesta de distintas clases de lechugas, pepinos, rábanos, zanahorias, cebollas y tomates es un buen acompañamiento para el almuerzo o la cena. El brócoli, las espinacas, los espárragos, las judías verdes o las verduras como la col rizada, las acelgas o la col china son ideales para acompañar el pescado y el arroz en la cena. Las verduras de la familia de las crucíferas, como la col, el brócoli, la col rizada, las berzas, las hojas verdes de mostaza y las coles de bruselas es mejor comerlas cocinadas. Estas verduras tienen distintas propiedades beneficiosas, incluso protegen del cáncer de colon. Si tienes poca energía, te sentirás mejor después de comer una variedad de verduras ligeramente cocinadas al vapor, acompañadas de arroz integral y tofu para equilibrarlas... y posiblemente hasta llegues a disfrutar comiéndolas.

Consume la clase de grasas adecuada. Lo más importante no es la cantidad diaria de grasas que consumes, sino la calidad. Seguir una dieta que incluya unos ácidos grasos adecuados y que mantenga un buen equilibrio entre ellos es necesario para tener las membranas celulares sanas y regular las respuestas inflamatorias. Las grasas adecuadas también ayudan al cuerpo a afrontar el estrés. Cerca del 25 al 30 por ciento de las calorías diarias que ingieres han de componerse de grasas saludables.

Es de vital importancia que tu dieta mantenga un buen equilibrio entre los ácidos grasos esenciales *omega-3, omega-6* y *omega-9.*

La dieta típica estadounidense contiene muchos ácidos grasos esenciales omega-6 y omega-9, pero es deficiente en omega-3. El aceite de lino, el aceite de semillas de calabaza, el aceite de cáñamo, el aceite de oliva, el aceite de canola, las nueces y el pescado fresco, sobre todo el salmón y las sardinas, son una fuente rica en ácidos grasos esenciales omega-3. Hay un ácido graso en especial, el ácido graso omega-3 *DHA*, que se encuentra en el pescado y en las cápsulas de aceite de pescado, que es importante para la salud neurológica y cerebral.

Los ácidos grasos omega-3 también se encuentran en las grasas de los animales de granja ecológica y en las grasas de los lácteos, incluyendo la mantequilla; la carne de oveja y buey, y la de pollo de granja, así como las yemas de los huevos de la misma procedencia. Sin embargo, los nutricionistas no coinciden en el papel que desempeñan las grasas animales en una dieta sana. Algunos expertos piensan que las grasas saturadas de los productos de origen animal son poco sanas y han de evitarse. En cambio, otros creen que una moderada cantidad de grasas animales procedentes de granjas ecológicas son beneficiosas para el cuerpo. Si decides consumir grasas de origen animal y lácteos, adquiere productos ecológicos sin pesticidas, antibióticos ni hormonas.

Si eliges consumir grasas saludables, es mejor reducir el uso de aceites vegetales poliinsaturados como el aceite de cártamo, de girasol, de sésamo, de maíz y de soja. Si es posible, evita las *grasas trans,* se encuentran en la margarina, en ciertas patatas fritas y nachos, en la mayoría de los caramelos y las galletas, en muchos alimentos fritos y en los productos que contienen aceites parcialmente hidrogenados. Lee las etiquetas de los alimentos procesados y no adquieras los que contengan esta clase de aceites.

Mastica (a fondo) la comida. Durante un momento no pienses en lo que comes sino en cómo lo comes. Si comes demasiado deprisa o no masticas bien la comida, te perderás muchos de los nutrientes que contiene y sufrirás de indigestión. La digestión empieza cuando masticas la comida. Si no la masticas a fondo, el estómago no digerirá bien la mayor parte de ella. Y cuando esta comida parcialmente digerida pase por los intestinos, tenderá a fermentar y a producir hinchazón, retortijones y gases. Además, estarás obteniendo una menor cantidad de nutrientes, lo cual puede producir unas formas sutiles de desnutrición.

Para asegurarte de asimilar todo el valor nutritivo de la comida, come con tiempo de sobras y mastica cada bocado sólido al menos de quince a veinte veces. Si después de hacerlo te sientes hinchado o tienes problemas de indigestión, pregunta a tu médico de cabecera o a un profesional de la salud si te conviene tomar enzimas digestivas (las encontrarás en las tiendas de productos naturales) con las comidas o después de ellas. Si digieres bien la comida, después de comer has de sentirte satisfecho y cómodo en lugar de pesado o aletargado.

Alcanza o mantén un peso saludable. Aunque nos anuncian un montón de dietas que nos prometen unos rápidos resultados, el mejor programa para controlar el peso es un plan para toda la vida que consista en comer de una forma coherente y sensata. Las dietas no funcionan. Los estudios demuestran que las «dietas yo-yo» son perjudiciales para la salud y hacen que cada vez sea más difícil adelgazar. Las dietas no son más que un remedio temporal, en cambio mantener un verdadero control del peso es algo que debemos hacer toda la vida.

A continuación encontrarás algunas sugerencias para alcanzar un peso saludable. Hacer ejercicio aeróbico con regularidad también te ayudará a ello, ya que al aumentar el ritmo metabólico quemas más calorías.

— Come lentamente. Llévate a la boca pequeños bocados y disfruta del color, el sabor y la textura de los alimentos. Recuerda que el *hipotálamo* (tu «appestat»), tarda veinte minutos en registrar la sensación de saciedad o de estar lleno.

— Concéntrate en la comida. Mientras comas no leas ni mires la televisión. Disfruta de la actividad de comer siendo consciente de los sabores, los colores y el tamaño de las raciones.

— Come con regularidad. Los estudios demuestran que las personas que toman de tres a cuatro comidas al día tienden a controlar su peso con éxito, ya que al alimentarse con regularidad no se sienten demasiado hambrientas, ni comen con exceso, ni se dedican a picar entre las comidas. Los estudios también demuestran que las que desayunan consumen menos calorías al día.

— Cuando estés ansioso, utiliza las técnicas de relajación sugeridas en el capítulo 1, ve al cine o haz algún tipo de ejercicio físico, es mejor que sea aeróbico.

— Cuando te aburras, haz alguna actividad agradable como salir a pasear, llamar a un amigo o dedicarte a algún hobby.

— Cuando estés enojado, escribe una carta a la persona con la que te hayas enfadado (pero no se la envíes), sal a correr o cuida del jardín. Si has de comer algo, elige una zanahoria o un chicle sin azúcar.

— Cuando estés cansado, échate en la cama o toma un baño caliente. Te sorprenderás al descubrir que después de dar un paseo o de ir en bicicleta te sientes lleno de nuevas energías.

Agua, el agua (ha de estar) por todas partes. Intenta beber al día de seis a ocho vasos de 250 ml de agua mineral. ¿Por qué? Sobre todo para ayudar a los riñones. La principal función de los riñones es filtrar todo tipo de toxinas del metabolismo, así como las sustancias químicas y los agentes contaminantes del ambiente. Para que los riñones funcionen bien, has de beber una buena cantidad de agua para ayudarles a eliminar esos residuos. Has de hacerlo especialmente si vives en un clima caluroso, consumes muchas proteínas, ingieres alcohol o café, tomas algún medicamento, tienes fiebre o sufres algún problema en el aparato urinario.

Es importante que el agua que bebas sea pura. La mayoría de las plantas depuradoras se concentran en la desinfección del agua sin apenas tener en cuenta las sustancias químicas procedentes de los desechos industriales o agrícolas que acaban mezclándose con el agua subterránea. El agua suele desinfectarse por medio de la cloración, lo cual comporta otro peligro. El cloro es un gas tóxico que puede producir *trihalomethanos,* unas sustancias tóxicas conocidas por provocar cáncer y defectos de nacimiento. El cloro también altera el yodo, interfiriendo negativamente en la producción de la hormona de la tiroides. Lo cual puede causar *hipotiroidismo*. Este trastorno a su vez puede provocar, entre otros síntomas, un aumento de peso y depresión. Por todas estas razones, el agua del grifo no es la más adecuada para beber.

Puedes comprar agua mineral embotellada o un aparato para purificar el agua del grifo. Si compras agua mineral, asegúrate de que en la etiqueta aparezca un detallado análisis de sus contenidos. Algunas aguas minerales proceden de manantiales que se han mezclado con el agua subterránea contaminada. Los dos tipos más comunes de filtros purificadores son los filtros de carbón y los de sistemas de osmosis. Ambos eliminan el cloro y las moléculas orgánicas tóxicas, sin embargo los sistemas de osmosis eliminan también los metáles tóxicos. El inconveniente de este sistema es que consume mucha agua. Los filtros de carbón han de cambiarse periódicamente. El agua purificada con estas dos clases de filtros es muchísimo mejor que la del grifo y sale más económico que comprar continuamente agua mineral embotellada.

Si tienes intolerancia a la lactosa o eres alérgico a los lácteos reduce el consumo de leche o de lácteos. Ahora voy a tratar algunos hechos sobre la leche y los lácteos. La lactosa forma parte del componente de hidratos de carbono de la leche. Si tienes intolerancia a la lactosa, algo que le ocurre a mucha gente, significa que tu estómago no produce *lactasa,* una enzima digestiva necesaria para digerir la lactosa. Si es así, al beber leche puedes sentirte hinchado, con gases y tener problemas intestinales.

La proteína de la leche (caseína) puede producir una reacción alérgica, con frecuencia en forma de mucosidades. Es común que la leche y los productos lácteos agraven trastornos alérgicos crónicos como el asma, la bronquitis y la sinusitis. También se sabe que la leche agrava las enfermedades de origen autoinmune como la artritis reumatoidea y el lupus.

La mayoría de la leche comercial que consumes contiene residuos de fármacos y hormonas usados para aumentar la productividad de las vacas. La homogeneización de la leche elimina las bacterias pero no destruye los residuos de las hormonas. La leche fresca de una vaquería seguramente no contendrá hormonas, pero puede contener bacterias.

No es un panorama demasiado halagüeño, ¿verdad? Ahora te daré la buena noticia: si decides beber menos leche, puedes sustituirla por leche de soja o de arroz. A la mayoría de la gente les acaba gustando tanto como la leche de vaca. Encontrarás estos dos productos en las tiendas de productos naturales e incluso en algunos supermercados convencionales. Si lo deseas, también puedes probar los quesos a base de soja. Si comes esta clase de quesos, elige los que sean bajos en grasas o los que carezcan de ellas.

Aumenta la cantidad de proteínas en tu dieta de una forma proporcional a la de los hidratos de carbono. Hasta hace poco muchos nutricionistas aconsejaban consumir un 70 por ciento de hidratos de carbono complejos como fuente de calorías. Antes se creía que un exceso de grasas producía enfermedades cardiovasculares y que un exceso de proteínas causaba una excesiva acidez y toxicidad en el cuerpo. La dieta ideal se componía de un 15 a un 20 por ciento de grasas, de un 15 a un 20 por ciento de proteínas y el resto de hidratos de carbono. En los últimos años, sin embargo, hay cada vez más pruebas en contra del consumo de elevadas cantidades de hidratos de carbono, sobre todo solos.

El cuerpo utiliza los hidratos de carbono para producir glucosa, el azúcar del cuerpo, y el cerebro lo utiliza como combustible. Para transportar la glucosa a las células, el páncreas segrega insulina. Comer grandes cantidades de hidratos de carbono significa que el cuerpo produce unos niveles más elevados de insulina, y demasiada insulina puede influir negativamente sobre algunos de los sistemas hormonales y neuroendocrinos básicos del cuerpo.

Consumir grandes cantidades de cereales, pan y pasta —o incluso arroz o verduras, como zanahorias, maíz y patatas— puede elevar los niveles de insulina hasta el punto de desequilibrar otros sistemas básicos del cuerpo. La solución no radica en eliminar los hidratos de carbono, sino en reducirlos en proporción a las cantidades de proteínas y grasas que consumes, sin aumentar la cantidad total de calorías en tu dieta. De este modo, tu dieta no será demasiado elevada en grasas ni en proteínas. En su lugar, seguirás consumiendo grasas y proteínas con moderación reduciendo, al mismo tiempo, la cantidad de hidratos de carbono en cada comida de una forma proporcional a la cantidad de grasas y proteínas. La proporción óptima es de un 25 a un 30 por ciento de proteínas, de un 25 a un 30 por ciento de grasas (a no ser que sigas una dieta baja en grasas para prevenir las enfermedades cardíacas), y de un 40 a un 50 por ciento de hidratos de carbono, con proteínas y grasas preferiblemente de origen vegetal.

Barry Sears presenta en su obra *Dieta para estar en la zona,* una importante cantidad de estudios que apoyan la importancia de reducir la cantidad de hidratos de carbono de manera proporcional al consumo de proteínas y grasas. Algunas personas que sufrían ansiedad dijeron que al haber aumentado la cantidad de proteínas con relación a los hidratos de carbono en cada comida, su ansiedad había disminuido. Lo cual es lógico, ya que la ansiedad y los cambios de humor a menudo comportan una carencia de neurotransmisores, sobre todo de serotonina. El cuerpo no puede producir neurotransmisores (y en especial serotonina) si no recibe un aporte regular de aminoácidos, los cuales provienen de las proteínas. Tanto si decides adoptar una dieta de 40-30-30 como si no, es una buena idea consumir en cada comida proteínas, a ser posible en forma de pescado, pollo de granja, tofu, tempeh, huevos, queso sin procesar o legumbres y cereales. Procura, al mismo tiempo, no superar el 30 por ciento de proteínas, sobre todo en forma de carne roja, pollo o pescado, ya que el cuerpo tendería a alcanzar un nivel de acidez demasiado elevado.

Si vas a comer fuera, come platos sanos. El infatigable ritmo de la vida moderna es un boom económico para los restaurantes. Para muchos de nosotros comer en un restaurante no es un lujo sino una necesidad si deseamos cumplir con el apretado programa. El problema es que la mayoría de los platos de los restaurantes, aunque sean de calidad, están llenos de calorías y contienen demasiadas grasas y sal. Además la mayoría de los productos que sirven en los restaurantes no son tan frescos como los que utilizas al cocinar. En general, comer en un restaurante con regularidad no es un hábito saludable, pero si no puedes evitarlo, a continuación encontrarás algunos consejos para que sea lo más sano posible:

— No vayas a los lugares donde sirven comida rápida o comida basura.

— Siempre que puedas, cuando comas fuera consume productos naturales o ve a los restaurantes que utilizan alimentos naturales y productos integrales, a ser posible, ecológicos.

— Si esta opción te resulta imposible, ve a una buena marisquería y pide un plato de pescado fresco, si es posible cocinado al vapor o al horno. Acompáñalo con verduras frescas, patatas o arroz, y una ensalada. No aliñes la ensalada con salsas cremosas o elaboradas con productos lácteos.

— Como tercera opción, ve a un restaurante chino o japonés de calidad y tómate un plato de arroz, verduras y pescado fresco o tofu. Si vas a un restaurante chino, pide que te preparen la comida sin añadir GMS (glutamato monosódico), un potenciador del sabor que causa una reacción alérgica a muchas personas.

— En general, evita comer los panecillos o el pan que suele incluirse con la comida y no pidas sopas a base de crema.

— Opta por platos sencillos como pollo o pescado blanco sin salsas elaboradas.

— Intenta resistirte a los postres con alto contenido en grasas.

— No dudes en pedir que te preparen la comida de acuerdo a tus necesidades. Estás pagando por ella, de modo que tienes todo el derecho a esperar que la preparen como deseas.

— Aprende a disfrutar de los sutiles sabores de las comidas sencillas. Al cabo de un tiempo de haber dejado de comer alimentos llenos de proteínas, grasas y azúcares, te atraerán más y las encontrarás apetitosas.

Deja que el cambio ocurra de forma natural

¡Uf! Tienes una buena lista de sugerencias para mejorar tu dieta. Si no estás acostumbrado a pensar en lo que comes, puede ser abrumadora. Sin embargo, ten en cuenta que no has de hacer todos esos cambios a la vez. Intenta primero reducir la cantidad de cafeína y azúcar, ya que estas sustancias son la que están más vinculadas con tu ansiedad. Aparte de eso, deja que tu dieta vaya cambiando de manera natural. Cuando sientas que estás preparado, haz un nuevo cambio. Si haces esos cambios dietéticos para estar sano y cuidarte, te resultarán más fáciles de mantener que si te los impones sin más.

4
Piensa con calma

Imagina que dos personas están en el aeropuerto esperando que salga un avión que debía de haber despegado hace ya una hora. Una de ellas piensa: *¡Qué mala suerte la mía! Ahora tendré que estar aquí sin poder hacer nada quién sabe por cuánto tiempo. Con todo lo que tenía que hacer al llegar a casa, este retraso va a desbaratar mi apretada agenda. ¡Uf! ¡Voy a volverme loco si he de esperar mucho más tiempo!* Con esta actitud, no es extraño que esta persona se sienta nerviosa, ansiosa e irritada. En cambio, la otra piensa: *Ya que he de estar aquí, intentaré pasármelo lo mejor posible. Puedo aprovechar para leer lo que tenía pendiente y quizá incluso me quede tiempo para escribir una carta al amigo que acabo de visitar, o también puedo hacer un poco de respiración abdominal y escuchar música con el walkman.* La segunda se siente tranquila y controla la situación.

Este ejemplo ilustra que aquello que pensamos sobre cualquier situación determina los sentimientos que nos produce incluso más que la situación en sí. Los pensamientos pueden ser tan automáticos que es fácil pensar que es la situación la que nos «hace» sentir de ese modo, en lugar de ser aquello que pensamos sobre ella. La verdad es que lo que nos decimos a nosotros mismos en respuesta a una situación en particular es lo que determina nuestro estado de ánimo y nuestras sensaciones. En pocas palabras, tú eres en gran parte el responsable de cómo te sientes (salvo en las situaciones que estresan el cuerpo, como las enfermedades).

Es una verdad muy importante y profunda, una que a veces cuesta mucho tiempo captar. A menudo es mucho más fácil echar la culpa a una situación o a alguien de cómo te sientes que asumir que tú eres el responsable de tus reacciones. Sin embargo, si decides aceptar que eres el responsable, podrás ocuparte de tu vida y controlarla. Descubrir que tú eres el principal responsable de cómo te sientes te da mucho poder una vez lo aceptas totalmente. Es una de las claves más importantes para llevar una vida más feliz y positiva, libre de la ansiedad.

En este capítulo se analizarán los pensamientos atemorizantes que alimentan los ataques de pánico, las fobias y las preocupaciones. Si sufres cualquiera de estas clases de ansiedad, sabes que cuando sientes sus síntomas, tus pensamientos tienden a volverse catastrofistas. Los pensamientos como *Voy a volverme loco* suelen aparecer cuando sientes que estás a punto de tener un ataque de pánico. Las preguntas que empiezan por «¿Y si?» son el denominador común de todas las preocupaciones: *¿Y si tengo cáncer?* o *¿Y si no les caigo bien?* La ansiedad que se siente en una situación que produce fobia suele intensificarse con los pensamientos que prevén resultados nefastos (y poco probables), como *He de dar una conferencia en el trabajo. ¿Y si tengo un ataque de pánico? Todos pensarán que estoy loco y ya no me tomarán en serio nunca más. Tendré que dejar el trabajo.* Ser capaz de reemplazar esos pensamientos catastrofistas por otros más realistas es una habilidad fundamental para controlar la ansiedad. Los ejercicios de este capítulo están pensados para ayudarte a adquirir esta habilidad.

Sobre los ataques de pánico

El pánico es la forma más extrema de ansiedad. Cuando tienes un ataque de pánico experimentas un creciente estado de excitación psicológica que culmina con unos síntomas de ansiedad de la máxima intensidad. Si la ansiedad «normal» es una hoguera, el pánico es un infierno. Los síntomas físicos más comunes incluyen palpitaciones, tensión en el pecho, dificultad para respirar, sensación de mareo, debilidad, transpiración, náuseas, temblores, escalofríos y una sensación de hormigueo en manos y pies. El miedo a «enloquecer», a tener un infarto o a morir suele aparecer al experimentar esas sensaciones físicas. También es típica una sensación de irrealidad y un intenso deseo de huir. El pánico puede surgir espontáneamente o en respuesta a una situación que produce fobia.

El primer ataque de pánico que tienes puede producirte un traumático impacto, dejándote aterrado, desvalido y ansioso al pensar en la posibilidad de nuevos episodios. Por desgracia, en algunos casos el pánico se presenta repetidamente. Todavía no se ha descubierto del todo por qué algunas personas sólo tienen un ataque de pánico en toda su vida —o quizá uno cada varios años— y en cambio otras desarrollan un trastorno crónico y tienen varios ataques por semana.

La buena noticia es que puedes aprender a afrontar los ataques de pánico para que dejen de asustarte. Existen unas estrategias tanto a corto como a largo plazo que te ayudarán a disminuir la intensidad y la frecuencia de los ataques de pánico. Las estrategias a largo plazo incluyen unos cambios en tu estilo de vida que se describen más adelante. Es importante practicar con regularidad la relajación profunda (capítulo 1), hacer ejercicio con constancia (capítulo 2), eliminar la cafeína y el azúcar de tu dieta (capítulo 3) y simplificar tu vida (capítulo 9). Las estrategias a corto plazo se describen en este capítulo y consisten en mantener un monólogo interior que cuestiona los pensamientos atemorizantes que surgen en tu mente y en utilizar afirmaciones positivas.

Los ataques de pánico no son peligrosos

Cualquiera que haya sufrido un ataque de pánico sabe que es imposible exagerar la sensación de terror que produce. Cuando estás a punto de tener un ataque de pánico, la ansiedad que sientes es tan intensa que crees estar en una situación desesperada, incluso mortal. En ese momento tienes la sensación de que puedes incluso morir o tener un grave problema físico. Sin embargo, lo cierto es que los ataques de pánico no son peligrosos. No pueden provocar un infarto, un derrame cerebral, asfixia, muerte súbita ni ningún otro problema físico grave. Ni pueden hacer que «te vuelvas loco» o que «pierdas la cabeza». Estos miedos surgen porque, a pesar de no estar amenazado por un peligro real, el cuerpo envía una clara señal de peligro a la mente. Y la mente evoca entonces un peligro para que coincida con los síntomas físicos. Los siguientes síntomas y pensamientos atemorizantes tienden a ir de la mano.

Síntomas	Pensamientos atemorizante
palpitaciones	*Voy a tener un infarto o me voy a morir*
sensación de ahogo	*No voy a poder respirar y me voy a asfixiar*
sensación de mareo	*Me voy a desmayar*
sensación de desorientación o de «no estar ahí del todo»	*Voy a volverme loco*
las piernas te tiemblan	*Me voy a caer o no voy a poder caminar*
una agudización general de tu reacción física	*Voy a perder el control o voy a enloquecer.*

En el momento que te dices que te encuentras ante un peligro, multiplicas la intensidad de tu miedo, lo cual a su vez hace que tus síntomas físicos empeoren, con lo que sientes más miedo aún quedando atrapado en una espiral que fomenta cada vez un pánico más intenso. Evitarás esta creciente espiral de miedo si aceptas totalmente que lo que le está ocurriendo a tu cuerpo no es peligroso. Todos los peligros que acaban de citarse son ilusorios, tu imaginación los crea cuando estás sintiendo las intensas reacciones que forman parte del pánico. En realidad son unos temores totalmente infundados y recordarte este hecho es el primer paso para superar la sensación de pánico. Ahora voy a examinar por separado cada uno de esos miedos.

Un ataque de pánico no puede provocar un infarto o un paro cardíaco. Los rápidos latidos y las palpitaciones que aparecen durante un ataque de pánico pueden ser unas sensaciones aterradoras, pero no son peligrosas. Tu corazón está hecho de unas fibras musculares muy fuertes y densas y es mucho más resistente de lo que crees. Un corazón sano puede latir 200 pulsaciones por minuto durante muchas horas sin sufrir ningún daño. De modo que si tu corazón se pone a palpitar, deja que lo haga, confía en que no te pasará nada y que al final acabará tranquilizándose. Los ataques de pánico no son peligrosos para el corazón.

Un ataque de pánico no puede hacer que dejes de respirar o que te asfixies. Durante un ataque de pánico es normal sentir una gran tensión en el pecho y dificultades para respirar. Esta sensación puede hacer que de pronto temas asfixiarte. Al estar bajo estrés, los músculos del cuello y el pecho se endurecen reduciendo la capacidad respiratoria. Sin embargo, puedes estar seguro de que tus vías respiratorias y pulmones están en perfectas condiciones y que esta sensación desaparecerá. Tu cerebro tiene un mecanismo reflejo que te obligará a respirar si no recibes suficiente oxígeno. En un determinado momento experimentarás el fuerte impulso de inhalar más aire. Lo mismo te ocurrirá en un ataque de pánico si no estás recibiendo suficiente oxígeno. Automáticamente tomarás una profunda bocanada de aire antes de llegar al punto de desmayarte por falta de oxígeno. (Y aunque te desmayaras, ¡te pondrías a respirar de inmediato!) En resumen, durante un ataque de pánico por más desagradable que sea la sensación de ahogo y de constricción, no es en sí peligrosa.

Un ataque de pánico no puede hacer que te desmayes. La sensación de mareo que sientes cuando surge el pánico puede evocar el temor a desmayarte. Lo que en realidad te está ocurriendo es que la circulación de la sangre en el cerebro ha disminuido un poco, probablemente porque estás respirando con más rapidez. Esta situación no es peligrosa y puedes sentirte mejor si respiras de manera lenta y regular desde el abdomen, si es posible por la nariz. Para sentirte mejor puedes también caminar un poco en cuanto tengas la oportunidad. Deja que la sensación de mareo surja y desaparezca sin oponerte a ella.

Un ataque de pánico no puede hacerte perder el equilibrio. Cuando surge el pánico puedes sentirte bastante mareado. Seguramente la tensión está afectando los conductos semicirculares del oído interno, que regulan el equilibrio. Durante algunos momentos quizá te sientas mareado o incluso te dé vueltas la cabeza. Pero esta sensación acabará desapareciendo siempre. No es peligrosa y raras veces se volverá tan fuerte que te haga perder realmente el equilibrio. Si la sensación de mareo dura más de algunos minutos, es mejor que vayas a ver a un médico (lo mejor es un *otorrinolaringólo-*

go, un especialista en el oído, la nariz y la laringe), para que compruebe si tienes alguna infección, alergia o cualquier otro problema que pudiera afectar el oído interno.

Durante un ataque de pánico no te caerás aunque sientas que las rodillas te flaquean. La adrenalina que tu cuerpo libera durante un ataque de pánico puede dilatar los vasos sanguíneos de las piernas y hacer que la sangre se acumule en los músculos de las mismas y que no circule por completo. Lo cual puede producir una sensación de debilidad o de que «las piernas te tiemblan», y desencadenarte el miedo a no poder caminar. Sin embargo, puedes estar seguro de que no es más que una sensación y que tus piernas son tan fuertes y capaces de sostenerte como siempre. ¡No van a ceder! Deja sólo que esta sensación de debilidad y tembleteo desaparezca y dale una oportunidad a tus piernas para que te lleven allí adonde necesites ir.

Durante un ataque de pánico no puedes «volverte loco». Cuando surge el pánico, al reducirse ligeramente la circulación de la sangre en el cerebro debido a una constricción arterial, sueles respirar con más rapidez. Lo cual puede causarte una sensación de desorientación e irrealidad que puede llegar a ser aterradora. Si esta sensación aparece, recuerda que sólo se debe a una ligera disminución temporal de la circulación de la sangre en el cerebro y que no significa en absoluto que vayas a «volverte loco», por más inquietante o extraña que la sensación te parezca. Nadie se ha «vuelto loco» a raíz de un ataque de pánico, aunque el miedo a que esto suceda sea muy común. Por más desagradable que sea la sensación de irrealidad, acabará desapareciendo y es totalmente inofensiva.

Quizá te ayude saber que la gente no se «vuelve loca» de pronto o de manera espontánea. Los trastornos mentales que comportan conductas clasificadas de «locas» (como la esquizofrenia o la psicosis maniacodepresiva) se van desarrollando muy lentamente durante años y no brotan de los ataques de pánico. Nadie ha empezado nunca a tener alucinaciones o a oír voces durante un ataque de pánico (salvo en raras ocasiones, cuando el pánico fue inducido por una sobredosis de alguna droga recreativa como el LSD o la cocaína). En pocas palabras, un ataque de pánico no puede hacer que te «vuelvas loco», por más perturbadores o desagradables que sean los síntomas.

Un ataque de pánico no puede hacer que «pierdas el control». A causa de las intensas reacciones que el cuerpo siente durante un ataque de pánico, es fácil imaginar que pudieras «perder el control totalmente». Pero ¿qué significa *perder el control totalmente*? ¿Significa quedarse totalmente paralizado? ¿Actuar sin control o echar a correr como un enajenado? No se conoce ningún caso parecido. Durante un ataque de pánico tus sentidos y tu conciencia no desean más que una sola cosa: escapar. Echar a correr o intentar huir son las únicas formas en las que puedes «actuar» mientras sientes pánico. Perder totalmente el control en un ataque de pánico no es más que un mito.

La secuencia del pánico

Un ataque de pánico es el resultado de una secuencia de acontecimientos que conllevan unos síntomas físicos desagradables y unos pensamientos catastrofistas. Las personas propensas a sentir pánico interpretan los síntomas físicos, como las palpitaciones o el mareo, como peligrosos o catastrofistas en potencia. La secuencia del pánico es la siguiente:

Estímulo inicial
(por ejemplo, una respiración deficiente en un atasco de tráfico)

↓

Pensamientos de preocupación
(por ejemplo, *¿Y si tengo un ataque de pánico?*)

↓

Excitación fisiológica inicial
(síntomas suaves, por ejemplo, ponerse nervioso, un aumento
del rítmo cardíaco, transpiración en las palmas de las manos,
un ligero mareo)

Pensamientos catastrofistas
(por ejemplo, *voy a tener un infarto* o
voy a volverme loco)

Una gran excitación fisiológica

Estímulo inicial

El estímulo inicial es el evento o la situación que desencadena el ciclo de pánico. El estímulo inicial puede ser un suceso exterior, como enfrentarte a una situación que antes ya te había producido pánico, o un suceso interior, como un ritmo cardíaco rápido o una respiración deficiente. Tanto si eres consciente del estímulo inicial como si no, empiezas a preocuparte.

Pensamientos de preocupación

Tus pensamientos de preocupación pueden ser tan instantáneos que parecen automáticos. Entre ellos se podrían incluir:

¿Y si ahora tengo un ataque de pánico?
Me estoy empezando a marear, ¿voy a volver a perder el control?
Me siento extraño, ¡he de irme de aquí!
¡Oh, no! Ya vuelve de nuevo.

Los pensamientos de preocupación producen la siguiente fase de la secuencia de pánico: la excitación fisiológica.

Excitación fisiológica

Tu cuerpo está programado para interpretar cualquier posible peligro como una amenaza ante la que luchar o huir. Por eso al cabo de varios segundos de la aparición de los pensamientos de preocupación, surgen o se intensifican unos síntomas fisiológicos tales como un rápido ritmo cardíaco, un aumento de la respiración, tensión muscular y sudoración. Psicológicamente te sientes incómodo. Si percibes esos síntomas físicos como peligrosos, desencadenarás una reacción de alarma en tu cuerpo que tenderá a producir el pánico. Todos los mamíferos poseen este mecanismo de alarma para poder luchar contra los depredadores o huir de ellos. Cuando se activa, ocurren las siguientes reacciones fisiológicas:

— El ritmo cardíaco aumenta rápidamente para proporcionar a los músculos de mayor tamaño la sangre necesaria para echar a correr o luchar.

— El ritmo respiratorio aumenta para que tengas suficiente energía para moverte de súbito y con rapidez (este cambio puedes sentirlo como una tensión en el pecho).

— La sangre que llega al cerebro disminuye un poco para irrigar con más fuerza los músculos de mayor tamaño (este cambio puedes interpretarlo como una sensación de mareo, confusión o irrealidad).

— La circulación que fluye por las extremidades se reduce para disminuir la pérdida de sangre en el caso de una lesión (este cambio puede hacer que sientas las manos o los pies fríos y el rostro ardiendo).

— Se desencadena la sudoración para que a un depredador no le resulte fácil agarrar tu piel.

— La digestión se ralentiza (este cambio puedes sentirlo como retortijones o náuseas).

Aunque estos síntomas sean inocuos, quizá respondas a ellos entrando en la siguiente fase de la secuencia de pánico: los pensamientos catastrofistas.

Pensamientos catastrofistas

Los pensamientos catastrofistas le dicen a tu cuerpo que active incluso más aún el mecanismo de luchar o huir.

Unos ejemplos de pensamientos catastrofistas podrían ser:

Si no me voy de aquí ahora mismo voy a tener un infarto.
Me voy a desmayar antes de poder salir de la autopista (o de que el semáforo se ponga en verde).
Voy a empezar a tartamudear y haré el ridículo.
¡Voy a volverme loco!
Es el fin, ¡me estoy muriendo!

Estos pensamientos acaban produciendo un estado de gran excitación fisiológica, la última fase de la secuencia de pánico.

Estado de gran excitación fisiológica

Cuando el cuerpo recibe el mensaje de que te encuentras ante un peligro inminente (aunque en realidad no sea así), libera una gran cantidad de adrenalina, que a su vez produce más pensamientos catastrofistas, que a su vez activan los síntomas físicos con una mayor intensidad si cabe. Lo cual culmina en un auténtico ataque de pánico.

Acorta la secuencia del pánico

Liberarte del pánico significa interrumpir la secuencia de pánico cuando aún se encuentra en las fases iniciales. Para lograrlo has de reconocer los síntomas del pánico y recordar que no llevan a nada catastrófico. Vale la pena que te repitas: *Los ataques de pánico no son peligrosos.* Sí, son incómodos, pero no pueden causar un peligro físico duradero ni precipitar ningún acontecimiento físico o psicológico devastador. Si aprendes a reemplazar los pensamientos catastrofistas como: *Estoy perdiendo el control y voy a volverme loco* por otros pensamientos realistas como: *No es más que una sensación de pánico. No puede hacerme daño,* te resultará más fácil acortar la secuencia de pánico. El siguiente ejercicio está pensado para ayudarte a desafiar y cambiar los pensamientos catastrofistas que alimentan la secuencia de pánico.

Reemplaza los pensamientos catastrofistaspor pensamientos realistas

El proceso de reemplazar los pensamientos catastrofistas por pensamientos realistas tiene tres partes. Primero has de reconocer tus pensamientos catastrofistas, luego cuestionarte su validez y, por último, reemplazarlos por pensamientos realistas.

EJERCICIO: CAMBIA LOS PENSAMIENTOS CATASTROFISTAS RELACIONADOS CON EL PÁNICO

Para empezar este ejercicio, coge una hoja de papel y traza en el centro una línea vertical para crear dos columnas. Titula la columna de la izquierda: *Pensamientos catastrofistas* y la de la derecha: *Pensamientos realistas*.

Paso 1: identifica los pensamientos catastrofistas que desencadenan las sensaciones físicas de pánico.

Piensa qué es lo que te pasa por la cabeza cuando aparecen los síntomas de pánico. Cuando tienes un severo episodio de ansiedad o de pánico, ¿qué clase de pensamientos son los que más te perturban? Si no tienes claro cuáles son, durante las dos próximas semanas controla los pensamientos catastrofistas que te asaltan observándolos justo antes de sentirte ansioso o de dejarte llevar por el pánico. Cuando la ansiedad haya desaparecido, dedica el tiempo que haga falta a reflexionar sobre los horribles y espantosos pensamientos que has tenido. A continuación encontrarás una lista de pensamientos catastrofistas. Quizá reconozcas en ella algunos que coinciden con los tuyos. Pero como lo más probable es que no estén todos en la lista, es importante que seas consciente de tus pensamientos catastrofistas. Escríbelos en la hoja de papel, en la columna de los *Pensamientos catastrofistas*.

> *Me voy a morir.*
> *Voy a volverme loco.*
> *Estoy perdiendo el control.*
> *Esto no se va a acabar nunca.*
> *Estoy muy asustado.*
> *Estoy teniendo un infarto.*
> *Voy a desmayarme.*
> *Voy a hacer el ridículo.*
> *He de irme de aquí ahora mismo.*
> *Voy a quedar como un estúpido.*
> *Van a pensar que estoy loco.*
> *Siempre me ocurrirá lo mismo.*
> *No entiendo qué es lo que me está pasando.*
> *Estoy seguro de que tengo algún problema físico.*
> *Estoy perdiendo la razón.*
> *Voy a morir asfixiado.*
> *No sé qué van a pensar de mí.*
> *No puedo ver nada.*
> *Voy a hacer daño a alguien.*
> *Voy a tener un derrame cerebral.*
> *Voy a ponerme a gritar.*
> *Voy a ponerme a balbucear o a tartamudear.*
> *Voy a vomitar.*
> *No podré respirar.*
> *Va a pasar algo horrible.*

Paso 2: Pregúntate: *¿Son realistas mis pensamientos?*

Observa con objetividad tus pensamientos catastrofistas y pregúntate si son realistas. Cuestiónate la validez de los mismos haciéndote las siguientes preguntas:

— ¿Cuántas veces ha ocurrido en el pasado la catástrofe que creía que iba a suceder?

— ¿Qué es lo que me ha ocurrido en una situación parecida, es decir, cuando me he dejado llevar por el pánico?

— ¿Cuáles han sido los hechos médicos objetivos (si tus pensamientos catastrofistas están relacionados con algún peligro físico, como el temor a sufrir un infarto o a asfixiarte)? Consulta el apartado *Los ataques de pánico no son peligrosos*.

Paso 3: reemplaza los pensamientos catastrofistas desencadenados por las sensaciones físicas de pánico por unos pensamientos más realistas.

Supón que te estás asustando con el pensamiento catastrofista de: *¡Estoy tan mareado que me voy a desmayar!* En este paso busca un pensamiento realista basado en los puntos objetivos que se han examinado en el paso 2. Escríbelo en la columna de los *Pensamientos realistas*. Siguiendo con el ejemplo anterior, tu nuevo pensamiento podría ser: *Estoy pasando por las fases iniciales de pánico, por eso me siento mareado. Nadie se ha desmayado nunca o perdido el conocimiento por culpa de un ataque de pánico. Esta sensación acabará desapareciendo y no es peligrosa.*

El primer miedo y el segundo miedo

En *Autoayuda para tus nervios*, Claire Weekes diferencia el *primer miedo* del *segundo miedo*. El primer miedo surge con los síntomas iniciales de pánico. Cuando sientes los primeros síntomas, como un aumento del ritmo cardíaco, sudoración y mareo, estás experimentando el primer miedo. Los pensamientos de miedo producidos por esos síntomas generan el segundo miedo. Cuando empiezas a decirte cosas como: *No puedo aguantarlo, He de irme de aquí ahora mismo* o *¿Y si los demás descubren que estoy perdiendo el control?* aparece el segundo miedo y empeora tus síntomas. Con el primer miedo no puedes hacer gran cosa, pero sí puedes eliminar el segundo aprendiendo a fluir con el ascenso y el descenso del estado de excitación de tu cuerpo en lugar de intentar combatirlo o de dejarte llevar por el pánico. Si puedes mantener a raya el segundo miedo, la reacción fisiológica desaparecerá sin haberte producido tanto pavor. En cinco minutos tu cuerpo metabolizará y reabsorberá la mayor parte de la adrenalina secretada con el pánico y, cuando esto ocurra, tus síntomas físicos empezarán a calmarse.

Cómo detener el segundo miedo: frases para afrontarlo

El primer miedo surge de forma fortuita, en cambio el segundo es el resultado directo de un diálogo interior catastrofista. Si te dices que los síntomas son amenazadores y que está a punto de pasarte algo horrible, te asustarás hasta el extremo de producirte un alto estado de ansiedad. Si te dices cosas como: *Voy a volverme loco* o *No puedo aguantarlo más,* desencadenarás sin duda el segundo miedo. En cambio, si te dices algo tranquilizador como: *Sólo es una sensación de ansiedad y no voy a dejar que se apodere de mí, Ya me ha pasado antes y no es peligroso* o *Puedo afrontarlo hasta que desaparezca,* tenderás a impedir que el segundo miedo surja y a reducir el primero.

Practica utilizando cualquiera de las siguientes frases para aprender a aceptar los síntomas físicos que se manifiestan durante un ataque de pánico. Cuando sientas que los síntomas de pánico están empezando a surgir, te será útil repetir para tus adentros alguna de las siguientes frases durante el primer o el segundo minuto. Si lo deseas, puedes también practicar al mismo tiempo la respiración abdominal. Si una afirmación se vuelve pesada o deja de funcionarte, prueba con otra.

— *Esta sensación no es cómoda ni agradable, pero puedo aceptarla.*
— *Aunque sienta ansiedad, puedo afrontar la situación.*
— *Sé cómo manejar estos síntomas o sensaciones.*
— *No es una situación de emergencia. Pensaré con calma en lo que he de hacer.*
— *No es lo peor que podría pasarme.*
— *Aceptaré esta sensación y esperaré a que la ansiedad disminuya.*
— *Aprovecharé esta oportunidad para aprender a afrontar mis miedos.*
— *Dejaré que mi cuerpo se vaya tranquilizando por sí solo. Esta sensación acabará desapareciendo.*
— *Resistiré este pensamiento, no tengo por qué dejar que se apodere de mí.*
— *En este momento merezco sentirme bien.*
— *Dedicaré todo el tiempo que haga falta a no apegarme a la situación y a relajarme.*

— *No tengo por qué presionarme. Puedo dar un paso adelante, por pequeño que sea.*

— *Si logré sobrevivir a esta situación en el pasado, también voy a conseguirlo ahora.*

— *Utilizaré mis estrategias y dejaré que esta sensación desaparezca.*

— *La ansiedad que siento no puede dañarme, aunque sea desagradable.*

— *No es más que una sensación de ansiedad. No dejaré que se apodere de mí.*

— *No va a ocurrirme nada grave.*

— *Como es inútil luchar contra la ansiedad y resistirme a ella, la aceptaré y superaré.*

— *No son más que pensamientos infundados.*

— *No necesito tener esos pensamientos, puedo cambiarlos por otros.*

— *Esta sensación no es peligrosa.*

— *¡Me da igual!*

— *Estas sensaciones (sentimientos) me recuerdan que utilice los métodos que he aprendido para superarlas.*

— *Estas sensaciones acabarán desapareciendo y volveré a sentirme bien.*

— *No es más que adrenalina y esta sensación desaparecerá en unos minutos.*

— *Ninguna de estas sensaciones es peligrosa.*

— Don't worry, be happy. *(Utilízalo, si lo deseas, para inyectar un elemento de alegría o de humor.)*

Mientras utilizas esta clase de frases para disipar los síntomas iniciales de pánico, lo mejor es hacer la respiración abdominal (véase el siguiente apartado). Si tienes accesos de pánico con frecuencia, es una buena idea escribir en una tarjeta tus frases favoritas para afrontarlos y llevarla en el bolso o en la cartera. Cuando sientas que empiezan a aparecer los síntomas de pánico, sácala y léela. Si sueles tener este problema cuando conduces, pega con cinta adhesiva la tarjeta en el salpicadero. Acuérdate de combinar las frases con la respiración abdominal.

Cómo detener el segundo miedo: la respiración abdominal

La respiración abdominal puede detener por sí sola el pánico y producir una profunda sensación de relajación. Es una técnica sencilla aunque poderosa para desactivar los síntomas fisiológicos de la ansiedad. Si la utilizas en las fases iniciales del pánico, te ayudará a evitar el segundo miedo y a disipar los síntomas del primero. Para ver la respiración abdominal en detalle, consulta el capítulo 1.

Distráete con algo

Mientras que la respiración abdominal y las afirmaciones para afrontar el pánico han de ser tu primera línea de defensa, cualquiera de las siguientes estrategias que se describen para distraerte también te serán útiles durante un acceso de pánico o cuando te sientas inquieto.

— Habla con otra persona. Podría ser alguien que viva contigo o una persona a la que puedas llamar.

— Muévete un poco por el entorno o haz alguna actividad física.

— Realiza alguna actividad sencilla y repetitiva. Por ejemplo, cuenta el dinero que llevas en el monedero mientras estés esperando en una cola, o canta una canción cuando montes en un ascensor que haya de recorrer una buena cantidad de pisos.

— Expresa los sentimientos de enojo. Enfádate con tu ansiedad y no con los demás. Grítale diciendo cosas como: *¡No vas a arruinarme la vida!*

— Céntrate en tu entorno inmediato. Concéntrate en objetos concretos de tu alrededor, incluso tócalos si esto te ayuda.

— Practica la *detención de los pensamientos*. Utiliza la palabra *deténte* una o dos veces o tira de la goma elástica que llevas en la muñeca para este fin y suéltala de golpe. Esta estrategia te ayudará a interrumpir la cadena de pensamientos negativos. Practica luego la respiración abdominal o repite alguna frase para afrontar la ansiedad. Cuando ésta haya desaparecido, tómate el tiempo que haga falta para reflexionar en los horribles pensamientos que se te han ocurrido.

Sobre las fobias y preocupaciones

Las fobias y preocupaciones crónicas se perpetúan a través de tres elementos: la sensibilización, la evitación y un diálogo interior atemorizante y erróneo.

Una fobia se desarrolla cuando te *sensibilizas* a una determinada situación, objeto o evento, es decir, cuando la ansiedad está condicionada por aquella situación, objeto o evento, o asociada a ellos. Si un día sientes un elevado estado de ansiedad mientras estás viajando en avión, conduciendo o en un ascensor, puedes sentirte ansioso cada vez que te encuentres en esas situaciones. Sensibilizarse significa que la mera presencia —o incluso el mero pensamiento— de una situación, ya basta para desencadenar la ansiedad.

Una vez la sensibilización ha tenido lugar, puedes empezar a evitar la situación. Cuando estás evitando algo constantemente, significa que has desarrollado una fobia. La *evitación* es un método natural aunque ineficaz de afrontar algo. Es lógico que quieras mantenerte lejos de la situación que tanto miedo te produce, pero el problema es que el hecho de evitarla te impide aprender que puedes afrontarla y, por tanto, refuerza la fobia. ¿Recuerdas el viejo chiste del paciente que va a ver a un médico y le dice: «Doctor, me duele el brazo cuando lo muevo», y él le responde: «¡Entonces no lo mueva!»? Esta clase de médico también recetaría evitar la situación o el objeto que produce fobia.

Lo cual no significa que hayas de sumergirte de pronto en una situación que te produzca fobia, sino que has de ir afrontándola poco a poco cada vez más, si es posible con la ayuda de otra persona. Las fobias han de afrontarse de una forma gradual y moderada. Para más información sobre cómo enfrentarte a una situación que te produce fobia, consulta el capítulo 4 de la obra *Coping with Anxiety,* de Bourne y Garano, o recurre a un psicólogo especializado en tratar fobias.

El tercer factor que perpetúa las fobias y también el principal elemento de preocupación es el diálogo interior exagerado y erróneo. Cuanto más te preocupe experimentar algo que te asusta, más propenso serás a mantener un diálogo interior erróneo relacionado con ese miedo. También puedes tener imágenes negativas sobre lo que podría sucederte si afrontas aquel miedo o si tus peores pesadillas se hicieran realidad. Tanto el diálogo interior negativo como las imágenes negativas sirven para perpetuar tu miedo y garantizar que lo sigas teniendo. Minan tu confianza al hacerte creer que nunca lograrás superar tu miedo. Al desprenderte de tus imágenes o de tus diálogos negativos, te resultará más fácil dejar de evitar la situación y afrontar aquello que te da miedo.

La sobrestimación y la subestimación

Las fobias y los miedos aparecen bajo muchas formas, pero la naturaleza del diálogo interior catastrofista subyacente en ellos es siempre la misma. Tanto si te da miedo cruzar un puente, contraer una grave enfermedad, hablar en público o recibir una inyección, todos los pensamientos erróneos que perpetúan esos miedos son de la misma clase. En los pensamientos atemorizantes hay dos errores básicos: *sobrestimar* la posibilidad de un peligro o amenaza, y *subestimar* tu habilidad para afrontarlo.

Cuando sobrestimas la posibilidad de un peligro, estás estableciendo la peor escena posible aun cuando sea la menos probable que ocurra. Los pensamientos que te asaltan suelen empezar con «¿Y si?» Por ejemplo, puedes pensar algo como: *¿Y si tengo cáncer?* o *¿Y si suspendo el examen y he de dejar la universidad?*

Estos pensamientos comportan una subestimación de tu habilidad para afrontar el temido resultado. El mensaje oculto de esas frases que comienzan con «¿Y si?» es que el temido resultado será inevitablemente tu ruina. Cuando empieces a desafiar a tus pensamientos catastrofistas, descubrirás que aunque se materializase aquello que más temes, dispondrías de una variedad de estrategias para afrontarlo. Lo cual significa que al menos controlarías hasta cierto punto el efecto que la temida situación ejercería en tu vida. Los siguientes ejemplos ilustran cómo la sobrestimación y la subestimación fomentan los distintos miedos, y cómo puedes contrarrestarlas con un diálogo interior más realista.

Ejemplo: miedo a tener una enfermedad grave

Patrón de pensamientos catastrofistas. *No tengo energía y siempre estoy cansado. ¿Y si tuviera un cáncer y no lo supiera? Si me diagnosticaran un cáncer, sería el fin. No podría soportarlo. Preferiría acabar con la situación rápidamente y suicidarme.*

Identifica los pensamientos distorsionados. Los pensamientos distorsionados son: *Como tengo tan poca energía y me siento cansado, debo de tener un cáncer y si tengo un cáncer, no podré afrontarlo.* Al identificar los pensamientos distorsionados, primero enumera todos los que empiezan con «¿Y si?» acerca de la situación y luego cámbialos por una frase afirmativa. Por ejemplo: al cambiar *¿Y si mi falta de energía y cansancio fueran unos indicios de cáncer?*, por una frase afirmativa, queda en: *Como tengo poca energía y estoy cansado, tengo un cáncer.*

Cuestiónate su validez. *¿Cuántas probabilidades tengo de que la falta de energía y el cansancio signifiquen la presencia de un cáncer? Si lo menos probable ocurriera y me diagnosticaran un cáncer, ¿cuán terrible sería? ¿Me derrumbaría y no sería capaz de seguir viviendo? Si soy realista, ¿es cierto que no podría afrontar la situación de ningún modo?* Observa cómo empiezan las preguntas. Para poner en duda la validez de tus pensamientos catastrofistas, es útil utilizar preguntas como:

— *¿Cuántas probabilidades tengo?*
— *Si soy realista, ¿qué probabilidades hay?*
— *¿Con cuánta frecuencia ha ocurrido en el pasado?*
— *Si ocurriera lo peor, ¿es cierto que no encontraría ninguna forma de afrontarlo?*

Reemplázalos por pensamientos más realistas. *Los síntomas de cansancio y falta de energía pueden indicar todo tipo de estados físicos y psicológicos, incluyendo un virus poco importante, una anemia, un agotamiento adrenal o hipotiroidismo, depresión y alergias alimentarias, para citar sólo algunos. El estado en que me encuentro podría explicarse de muchas formas y no tengo ningún síntoma que indique la presencia de un cáncer. Las probabilidades de que el cansancio y la falta de energía indiquen un cáncer son muy bajas. Además, por muy malo que fuera que me diagnosticaran un cáncer, seguramente no me derrumbaría. Después de pasar la difícil etapa inicial de adaptarme a este hecho, que podría durar varios días o semanas, me pondría a pensar en aquello que debería hacer para afrontar la situación. Seguro que no sería fácil, pero estoy tan preparado para afrontarla como cualquier otra persona. Planearía con mi médico las estrategias más eficaces para tratar la enfermedad. Me uniría a un grupo de apoyo y recibiría un montón de ayuda de mis amigos y mi familia. Además, complementaría el tratamiento con métodos alternativos, como la visualización y unos cambios dietéticos, ya que me podrían ayudar a recuperarme. En resumen, haría todo lo posible por eliminar el cáncer y curarme.*

Ejemplo: miedo a tener un acceso de pánico mientras hablas en público

Patrón de pensamientos catastrofistas. *¿Y si tengo un ataque de pánico mientras estoy hablando ante toda esa gente? ¿Y si piensan que estoy loco? Nunca lo superaré.*

Identifica los pensamientos distorsionados. Los pensamientos distorsionados son: *seguramente tendré un ataque de pánico mientras estoy hablando y pensarán que estoy loco, lo cual será devastador para mí.*

Cuestiónate su validez. *Si soy realista, ¿cuántas probabilidades tengo de dejarme llevar por el pánico mientras estoy hablando? Y si me ocurriera, ¿cuántas probabilidades tengo de que la gente concluyera* *que estoy loco? Supongamos que ocurriera lo menos probable y pensaran que estoy loco por haberme puesto tan nervioso. ¿Sería tan terrible como creo? ¿Estoy siendo realista al pensar que nunca lo superaría?*

Reemplázalos por pensamientos más realistas. *Si tuviera un ataque de pánico podría simplemente abreviar lo que fuera a decir y volverme a sentar. Como la gente suele estar absorta en sus propios problemas y preocupaciones, nadie notaría mi problema ni se molestaría por mis breves comentarios. Y aunque detectaran algún signo de pánico, como mi tez enrojecida o mi voz temblorosa, es muy poco probable que pensaran que estaba loco o que era un bicho raro. ¿Acaso pensaría yo eso si a alguien le ocurriera lo mismo? Lo más probable es que se preocuparan por mí. E incluso en el caso de que alguien pensara que estaba loco o que era raro por haberme puesto tan nervioso, podría explicarle que a veces me da miedo hablar en público. Con toda la publicidad que hay hoy en día sobre los trastornos de ansiedad, lo más probable es que lo entendiera. Una forma de manejar la situación sería mostrándome totalmente sincero. Y aunque pasara lo peor, me olvidaría del asunto al cabo de un tiempo. No es cierto que no lo superaría. Ya he pasado antes por situaciones muy embarazosas y las he superado.*

EJEMPLO: MIEDO A PERDER EL TRABAJO

Patrón de pensamientos catastrofistas. *En los dos últimos años la economía se ha debilitado y el paro ha aumentado de una forma alarmante. ¿Y si pierdo el trabajo y no puedo pagar el alquiler? Tendré que vivir en la calle y nunca seré capaz de salir de esta situación. Me dará demasiada vergüenza pedir ayuda a mi familia y amigos. Estaré a merced de los desconocidos.*

Identifica los pensamientos distorsionados. Los pensamientos distorsionados son: *La insegura economía de mi país hará que pierda el trabajo* y *al quedarme sin trabajo, me convertiré en un indigente desvalido.*

Cuestiónate su validez. *¿Cuántas probabilidades tengo de perder el trabajo. Supongamos que me ocurriera. ¿Me convertiría en un indigente? ¿Realmente no sería capaz de salir de la situación? ¿Me resultaría imposible de veras pedir ayuda a mi familia y amigos?*

Reemplázalos por pensamientos más realistas. *Mi empresa no da ninguna señal de tener problemas económicos y aunque yo perdiera el trabajo, lograría afrontar la situación. La mayoría de la gente sigue trabajando, o sea que encontraría otro trabajo. Soy muy trabajador y un buen profesional. Además, mi familia y amigos, a los que he ayudado en el pasado, me apoyarían. Si no pudiera pagar el alquiler, podría vivir con ellos hasta que pudiera valerme por mí mismo. Tengo algunos ahorros y si ocurriera lo peor, podría utilizar el dinero de mi plan de jubilación. Además, cobraría el paro durante un tiempo. Aunque la situación sea difícil, no es insuperable.*

Cuestiónate tus miedos poco realistas

Los ejemplos que acaban de citarse ilustran cómo debes poner en duda los pensamientos catastrofistas que producen los miedos y cómo contrarrestarlos con otros más realistas. Ahora te toca a ti. El proceso para cuestionarte esos miedos poco realistas y reemplazarlos por pensamientos realistas se divide en cinco partes:

1. Reconoce los pensamientos que te producen miedo: suelen empezar con «¿Y si...?».

2. Cámbialos por frases afirmativas.

3. Averigua si el pensamiento es realista, cuestiónate su validez.

4. Formula otros pensamientos más realistas.

5. Escribe una lista con las distintas opciones que tendrías para afrontar el problema si el temido suceso llegara a ocurrir.

EJERCICIO: CUESTIÓNATE TUS MIEDOS POCO REALISTAS

En una hoja de papel, escribe:

— Qué me estaba diciendo a mí mismo (¿Y si?)
— Pesamientos distorsionados
— Me cuestiono mis distorsiones
— Pensamientos más realistas
— Si ocurriera lo peor, ¿qué podría hacer para hacerle frente?

Deja un espacio para poder escribir al lado de cada una de estas frases. Antes de escribir, haz al menos veinte copias de esta hoja, ya que la usarás muchas veces. Después de hacer las copias, sigue los pasos que se describen a continuación para contrarrestar los pensamientos poco realistas relacionados con cualquier preocupación o situación temida.

Paso 1: Qué me estaba diciendo a mí mismo.

Elige un momento en el que estés relativamente relajado y tranquilo. Si estás nervioso o preocupado, haz algo para relajarte, como la respiración abdominal o la relajación muscular progresiva (véase el capítulo 1). Es más fácil advertir tu diálogo interior cuando reservas un tiempo para tomarte las cosas con más calma y relajarte.

Después de conseguir relajarte, pregúntate: *¿Qué me estaba diciendo a mí mismo que me he puesto tan nervioso?* Recuerda que estos pensamientos suelen empezar con «¿Y si?». Por ejemplo, si conducías por la autopista, podías estar pensando: *¿Y si me entra el pánico y pierdo el control del coche?* Escribe todos los pensamientos que empiecen por «¿Y si?» debajo de la primera frase de la hoja de papel: Qué me estaba diciendo a mí mismo.

Paso 2: Pensamientos distorsionados (cambia los pensamientos que empiezan por «¿Y si?» por frases afirmativas).

Para ver tus pensamientos distorsionados con más claridad y cuestionártelos mejor, cámbialos por frases afirmativas. Por ejemplo, *¿Y si me entrara el pánico y perdiera el control del coche?* quedaría en: *Me entrará el pánico y perderé el control del coche*. Escribe tus pensamientos cambiados debajo de la segunda frase de la hoja: Pensamientos distorsionados.

Paso 3: Me cuestiono mis distorsiones.

Recuerda que avivas la ansiedad que genera miedos y fobias al sobrestimar la probabilidad de que ocurra el temido suceso y al subestimar tu capacidad para afrontarlo si llegara a ocurrir. Cuestiónate tus pensamientos distorsionados haciéndote preguntas como:

— ¿Cuántas probabilidades tengo de que me ocurra?
— ¿Con cuánta frecuencia me ha sucedido en el pasado?
— ¿Estoy viendo esta situación como si fuera totalmente inmanejable o insuperable?

Al hacerlo, sometes tus miedos a un análisis más realista y puedes identificar las distorsiones que contienen. Escribe las respuestas a estas preguntas debajo de la tercera frase: Me cuestiono mis distorsiones. Por ejemplo, *Si me entra el pánico es muy poco probable que pierda el control del coche*.

Paso 4: Pensamientos más realistas.

Utiliza las respuestas a las preguntas del paso 3 para tener unos pensamientos más realistas. Este pensamiento has de expresarlo con un lenguaje y una lógica que reflejen un pensamiento más equilibrado y realista. Escríbelo debajo de la cuarta frase: Pensamientos más realistas. Por ejemplo, *Si me entra el pánico mientras conduzco por la autopista, puedo afrontarlo de varias maneras. Los síntomas del pánico son desagradables, pero no pueden hacer que «pierda el control»*.

Paso 5: Si ocurriera lo peor, ¿cómo podría hacerle frente?

Piensa por último en las distintas formas con las que podrías afrontar la temida situación si llegara a pasar. Escríbelas debajo de la quinta frase: Si ocurriera lo peor, ¿cómo podría hacerle frente? Por ejemplo: *En el momento que sienta que mi ansiedad se vuelve muy intensa, puedo detener el coche en el arcén. Y si no hubiera un arcén, podría circular por el carril de la derecha y reducir la velocidad para ir a setenta kilómetros por hora, poner el intermitente, usar las afirmaciones para afrontar los ataques de pánico, hacer la respiración abdominal para disminuir mi ansiedad, y luego, a la primera salida que viera, tomarla para abandonar la autopista.*

Vuelve a leer muchas veces durante varias semanas los pensamientos realistas y las formas de hacer frente a la situación temida. Así los reafirmarás en tu mente. Si lo deseas, también puedes escribir esos pensamientos en una tarjeta y llevarla siempre contigo en un lugar que te resulte fácil de leer cuando la necesites. Repite todos los pasos de este ejercicio, usando una nueva copia de la hoja para cada uno de tus miedos, fobias o preocupaciones.

Técnicas rápidas para afrontar los miedos

Cambiar las creencias irracionales que se ocultan detrás del pánico, las preocupaciones y las fobias, y que los alimentan, es una habilidad fundamental para controlar la ansiedad. Aunque adquirir esta habilidad exija un poco de tiempo y de práctica, cuando lo consigas tendrás una poderosa herramienta a tu alcance.

Hay otras técnicas que aunque no sean tan esenciales, también pueden serte útiles si las usas en el momento que sientes que la ansiedad empieza a surgir. La siguiente lista te ofrece unas prácticas técnicas que te servirán para neutralizar los primeros síntomas de la ansiedad. Puedes utilizarlas por sí solas o antes de realizar los ejercicios de este capítulo.

Técnicas rápidas para afrontar el pánico

Las siguientes técnicas están pensadas para disipar el pánico cuando todavía está en las fases iniciales. Intenta usarlas cuando aún estés en la etapa del «estímulo inicial» o en la etapa de los «pensamientos de preocupación» del ciclo del pánico (véase el apartado *La secuencia del pánico* de este capítulo). Si al principio no te funcionan, sigue aplicándolas hasta que las domines.

— Haz la respiración abdominal de tres a cinco minutos.

— Habla con alguna persona que te apoye, por teléfono o con alguien que tengas cerca.

— Levántate y camina un poco por la casa. Sal a la calle. Haz el ejercicio físico que más te guste. Realiza alguna tarea doméstica.

— Repite, durante un minuto o dos, tus frases favoritas para afrontar el pánico. Mientras las repites, intenta hacer la respiración abdominal. Si una determinada frase se te hace pesada, cámbiala por otra. (O bien lee la lista de frases que has escrito para afrontar el pánico.)

— Vive el momento presente. En lugar de resistirte a la desagradable sensación, acéptala. También te ayudará hacer la respiración abdominal y concentrarte en el cuerpo (sobre todo en los brazos y las piernas).

— Enfádate con tu ansiedad. Grítale cosas como *¡Quítate de en medio, tengo cosas que hacer!* o *¡No vas a arruinarme la vida!* Si es necesario, da puñetazos a una almohada.

— Haz en el acto algo que sea agradable. Deja que una persona amada o un amigo te abrace. Toma una ducha de agua caliente. Canta tu canción favorita.

Técnicas rápidas para afrontar las preocupaciones

Cuando te preocupas por algo, es fácil quedar atrapado en una espiral de pensamientos que fomentan miedo y ansiedad. Las siguientes técnicas te ayudarán a desviar tu atención y energía de los pensamientos preocupantes. Funcionan mejor con unos bajos niveles de ansiedad o de preocupaciones obsesivas. Cuanto más las practiques, más aprovecharás su utilidad.

— Haz ejercicio físico, si es posible al aire libre.

— Practica la relajación muscular progresiva (véase el capítulo 1).

— Habla con alguien de algún otro tema que no sean tus preocupaciones, a no ser que desees expresar cómo te sientes.

— Utiliza distracciones·visuales como la televisión, los vídeos, el ordenador o los juegos de mesa.

— Realiza algo físico con las manos, como una actividad artesanal, reparar algún objeto o cuidar del jardín.

— Olvídate de tus obsesiones montando un puzzle, resolviendo un crucigrama o realizando cualquier otra actividad parecida.

— Intenta resolver el problema que te preocupa. Si te da miedo volar, lee un libro o escucha una cinta en la que te enseñen a superar el miedo a volar. Si te da miedo hablar en público, practica grabando en una cinta lo que hayas de decir en público.

Técnicas para cambiar tu punto de vista

Las siguientes técnicas están pensadas para ayudarte a cambiar tu perspectiva sobre un problema o situación preocupante. Están concebidas para que puedas reencuadrar la situación que te está preocupando y cambies tu punto de vista negativo, que te produce preocupación, por otro más positivo y tranquilizador. Prueba las técnicas y elige las que te funcionen mejor. Los cambios de actitud a veces se dan de manera espontánea, pero también te ayudará relajarte durante un rato antes de intentar reencuadrar la situación que te preocupa.

— Acepta el hecho de que ésa es la situación, te guste o no.

— Reconoce que es positivo que te la tomes con sentido del humor.

— Extiende tu compasión a todas las personas que tienen problemas parecidos al tuyo, tú no eres el único.

— Intenta ver tu problema como algo fascinante. Advierte al menos que es interesante o algo nuevo.

— Deja que tu problema te ayude de algún modo. Seguramente te está enseñando algo.

— Confía el problema a Dios.

— Imagina que al afrontar el problema tu carácter se fortalece.

— Sé consciente de la viva energía que sientes dentro de ti al considerar el problema desde distintos ángulos. Concéntrate en ella. Al cabo de un rato quizá varíe.

— Confía en que tienes la fuerza suficiente para afrontar incluso lo peor.

— Ten en cuenta que lo más probable es que tu problema sea menos malo de lo que crees.

— Cuando surja la sensación de ansiedad, sé muy dulce, paciente y atento contigo.

— Observa si hay alguna parte tuya que prefiera seguir con el problema antes que cambiar.

— Acepta que ya llevas un tiempo intentando resolver el problema y que querer controlarlo no es quizá la mejor estrategia.

— Recibe tu problema como una oportunidad para desprenderte del ego.

— Considera la posibilidad de que el problema sea una metáfora de toda tu vida.

— Confía en que si otras personas han logrado superarlo, tú también lo harás.

— Acepta que lo que te está preocupando no es lo más importante de la vida.

— Advierte que si estás dando lo mejor de ti, es lo más indicado que puedes hacer.

— Confía en que el problema acabará desapareciendo sin duda. Di para tus adentros: *Llegará un día en que ya no tendré este problema.*

— Respira con más profundidad e intenta estar un poco con el problema. Confía en que al cabo de un tiempo, esta situación cambiará.

5

Trastornos físicos que pueden agravar la ansiedad

Lo más probable es que tu ansiedad no proceda de una causa identificable, sino de un mosaico compuesto por el estilo de vida que llevas y por diversos factores físicos y psicológicos. En este capítulo se analizarán algunas afecciones físicas comunes que pueden agravar la ansiedad o debilitar el organismo y hacer que seas más vulnerable a sus efectos. Entre estas afecciones se incluyen *el agotamiento adrenal, la candidiasis, las toxinas, el síndrome premenstrual y el trastorno afectivo estacional*. La hipoglucemia y las alergias alimentarias, que se han tratado en el capítulo 3, tienen unos efectos similares. Aunque estas afecciones sean comunes, sus síntomas suelen ser difíciles de identificar. Cualquier persona que sufra de ansiedad ha de conocer los síntomas, los tratamientos y las causas de los trastornos descritos en este capítulo.

Agotamiento adrenal

Un prolongado y constante estrés acaba afectando a las glándulas adrenales. Hans Selye, un conocido experto en estrés, describió que un prolongado estado de estrés afecta a las glándulas adrenales produciendo una insuficiencia o un agotamiento adrenal crónico (1984). La insuficiencia adrenal, a su vez, disminuye tu capacidad para afrontar las situaciones estresantes, haciendo que seas más proclive a sentir ansiedad ante el estrés. La falta de sueño, cualquier situación estresante de la vida, una prolongada exposición al calor o al frío, la presencia de toxinas en el cuerpo, la exposición a una atmósfera contaminada o a sustancias que te producen alergia y el uso de cortisona durante un cierto tiempo, también fomentan el agotamiento adrenal. Un trauma repentino o una grave enfermedad física pueden iniciar o empeorar el agotamiento adrenal. Ten en cuenta que muchos de estos factores, sobre todo un trauma repentino como una pérdida o un cambio en la vida, también fomentan la aparición de trastornos de ansiedad. El agotamiento adrenal y los trastornos de ansiedad suelen ocurrir al mismo tiempo.

El agotamiento adrenal se desarrolla por etapas. Cuando estás combatiendo el estrés, las glándulas adrenales trabajan más de lo habitual secretando grandes cantidades de adrenalina y noradrenalina, y de hormonas esteroides como el *cortisol*. A medida que el estrés se va prolongando, las glándulas adrenales se agotan y entran en un estado temporal de bajo rendimiento. Si estás relativamente sano, las glándulas adrenales intentarán compensar este estado y pueden restablecerse hasta el punto de la *hipertrofia* (aumentan de tamaño). Sin embargo, si sigue existiendo un alto nivel de estrés, las glándulas adrenales se vuelven a agotar y entran en un estado crónico de bajo rendimiento. En esta etapa oscilan entre secretar una cantidad excesiva de adrenalina, lo cual puede causar pánico o cambios de humor, y secretar una cantidad insuficiente, lo cual se asocia a la fatiga y a la baja tolerancia al estrés. El resultado de un prolongado agotamiento adrenal puede originar problemas físicos como el síndrome de fatiga crónica, fibromialgia, bronquitis o sinusitis crónica y enfermedades de origen autoinmune que abarcan desde un lupus hasta una artritis reumatoidea.

Entre los síntomas del agotamiento adrenal se incluyen:

— baja tolerancia al estrés (pequeñas cosas que antes no te molestaban ahora te ponen nervioso)

— apatía y cansancio (suele manifestarse como una dificultad para levantarte por la mañana)

— sensación de mareo al ponerte en pie rápidamente (llamada *hipotensión postural*)

— sensibilidad a la luz (dificultad para ajustarte a la brillante luz del exterior)

— dificultad para concentrarte y mala memoria

— insomnio

— hipoglucemia

— alergias (a alimentos, sustancias del ambiente, polen, moho, etc.)

— una intensificación de los síntomas del síndrome premenstrual

— sufrir con frecuencia resfriados o problemas respiratorios

La hipoglucemia y el agotamiento adrenal. La hipoglucemia y el agotamiento adrenal suelen ir de la mano. Las glándulas adrenales funcionan con el páncreas para mantener unos niveles estables de azúcar en la sangre. Cuando las glándulas adrenales tiene un bajo rendimiento, los niveles de azúcar en la sangre se vuelven irregulares. A medida que el agotamiento adrenal va empeorando, el sistema inmunológico se debilita, con lo que aparece una mayor vulnerabilidad a las alergias, el asma, las infecciones de las vías respiratorias y los resfriados.

Las adicciones y el agotamiento adrenal. La adicción a la cafeína, al tabaco, al alcohol o a las drogas recreativas suele relacionarse con el agotamiento adrenal, ya que produce un fuerte deseo fisiológico de azúcar. El continuo uso de cualquiera de estas sustancias tiende a empeorar el agotamiento adrenal. Si padeces alguna de estas adicciones, tienes más posibilidades de sufrir una insuficiencia adrenal.

La calidad de vida y el agotamiento adrenal. Una vida cotidiana que siempre sea estresante y exigente debido al perfeccionismo y a la presión a la que te sometes para alcanzar tus objetivos también suele llevar al agotamiento adrenal.

Cómo recuperarte del agotamiento adrenal

Para recuperarte del agotamiento adrenal tienes que atacar el problema por distintos frentes. Te será útil cambiar tu estilo de vida, tomar suplementos nutricionales y cambiar de dieta. Estos recursos se describen a continuación.

Simplifica tu vida. Pregúntate cuáles son los hábitos, prácticas y obligaciones que abarrotan tu vida en lugar de enriquecerla (véase el capítulo 9).

Practica con regularidad tu forma preferida de relajación. Tanto si haces la relajación muscular progresiva, una visualización dirigida, yoga o meditación, intenta practicarlo a diario.

Resérvate cada día un tiempo para descansar. Recuerda que el tiempo para descansar no es un lujo, sino que es necesario para llevar una vida saludable y satisfactoria (véase el capítulo 1). Divide el día intercalando en él dos o tres descansos de veinte o treinta minutos para poder relajarte.

Intenta dormir ocho horas. Dormir las horas suficientes tampoco no es un lujo. Si es posible, acuéstate a las 10 o a las 11 de la noche. Siempre que tengas la oportunidad de poder levantarte más tarde por la mañana, aprovéchala.

Haz ejercicio con regularidad. Haz cada día de veinte a treinta minutos de ejercicio moderado, si es posible al aire libre (véase el capítulo 2).

Elimina la cafeína, la nicotina, el alcohol y las drogas recreativas. Sustituye las bebidas con cafeína por infusiones. Si eres hipoglucémico, el té de regaliz es ideal para ti.

Durante tres meses elimina cualquier forma de azúcar en tu dieta. Para endulzar los alimentos o las bebidas utiliza xylitol. Eliminar el azúcar significa no consumir azúcar blanco ni moreno, miel, chocolate, melazas, sirope de maíz o de arce, ni frutas desecadas. Sustitúyelos comiendo frutas con moderación. El xylitol es un edulcorante procedente de la fibra del abedul. Sólo produce una pequeña subida en el nivel de azúcar en la sangre y no eleva los niveles de insulina. La estevia procede de una planta sudamericana y es mucho más dulce que el azúcar. No tiene calorías y es mucho más segura que los edulcorantes artificiales como el aspartamo y la sacarina. Al cabo de tres meses puedes volver a consumir azúcares naturales como la miel en cantidades muy pequeñas.

Sigue una dieta sana y equilibrada. Elimina al máximo los productos procesados y los alimentos que te produzcan alergia. Incluye en tu dieta más cereales integrales, verduras y frutas frescas. Toma proteínas en forma de legumbres y cereales, huevos, pollo de granja, carne sin hormonas ni antibióticos o pescado. No consumas un exceso de hidratos de carbono. Reduce el consumo de alimentos que contengan hidratos de carbono simples como la pasta, el pan, las patatas fritas, las patatas, los cereales, las galletas saladas, los panecillos, etc. En cada comida combina distintos alimentos para obtener grasas, proteínas e hidratos de carbono complejos. No comas sólo fruta al levantarte por la mañana y evita los zumos de fruta (véase el capítulo 3).

Si tienes hipoglucemia, sigue una dieta adecuada. Procura tomar un snack que contenga proteínas e hidratos de carbono dos o tres horas después de cada comida principal (véase el capítulo 3).

Suplementos nutricionales para el agotamiento adrenal

Hay unos suplementos nutricionales que te ayudarán a aliviar el agotamiento adrenal. Antes de tomar las cantidades de suplementos que se indican a continuación, consúltalo con el médico de cabecera:

— Vitamina C con bioflavonoides: de 500 a 1.000 mg tres veces al día en las comidas.

— Zinc: 30 mg al día.

— Picolinado de cromo: de 200 a 400 mg al día.

— Vitamina B$_6$ en forma de P5F (piridoxil-5-fosfato): 50 mg dos veces al día.

— Calcio con magnesio (si es posible en formas quelatadas como el citrato o el aspartato): 1.000 mg de calcio y de 500 a 1.000 mg de magnesio antes de acostarte por la noche.

— Ácido pantoténico: 500 mg una o dos veces al día.

— Extractos glandulares corticales: consúltalo con tu médico de cabecera, un naturópata o un profesional de la salud. Estos suplementos nutricionales pueden ser útiles para tratar el agotamiento adrenal y son más adecuados que los extractos glandulares *completos*.

Candidiasis

La candidiasis u «honguillos» se origina de la excesiva reproducción de un determinado hongo, el *candida albicans,* en el tracto intestinal, el tracto urinogenital o en ambos. En general, los hongos del género *candida* viven manteniendo un sano equilibrio con las bacterias de los intestinos, pero determinadas condiciones pueden llevar a que se multipliquen, proliferando primero por el tracto intestinal y traspasando después los intestinos para invadir los tejidos y los sistemas de los órganos del cuerpo. Hay muchas personas afectadas de candidiasis, sobre todo las mujeres.

En las etapas iniciales de la candidiasis es común sufrir infecciones localizadas, en especial erupciones cutáneas e «infeccciones vaginales por hongos levadura» (vaginitis). Otros de los síntomas son:

— infección fungosa crónica como el pie de atleta, la tiña o el prurito del jockey

— fatiga o sensación de carecer de energía

— depresión o cambios de humor

— problemas gastrointestinales como gases, retortijones, diarrea crónica o estreñimiento

— ansiedad crónica y tensión

— alergias alimentarias

— mala memoria

— dolores de cabeza

— prurito anal

— extrema sensibilidad a sustancias químicas, perfumes o humo del tabaco

— severos síntomas del síndrome premenstrual

— dolor en músculos o articulaciones

— fuertes deseos de consumir dulces, pan o alcohol

Una característica de la candidiasis es que los síntomas empeoran después de comer azúcar o beber alcohol. Todas las formas de azúcar (salvo el xylitol) y el alcohol alimentan unos hongos llamados levadura y fomentan su propagación. Los síntomas también tienden a empeorar en los climas o ambientes húmedos y mohosos. Si tienes cinco o más síntomas de los que se acaban de citar, podrías estar afectado de candidiasis. Si manifiestas sólo dos o tres síntomas, es mejor pedir consejo al médico para descartar que tengas este problema.

¿Qué es lo que provoca la candidiasis?

Los factores que aumentan el riesgo de desarrollar una candidiasis incluyen el uso frecuente en el pasado de un amplio espectro de antibióticos como la ampicilina, la amoxicilina, Ceclor (cefaclón), Bactrim (sulfametoxazol) o Septra (sulfametoxazol y trimetoprima); así como haber utilizado la píldora anticonceptiva durante más de un año, un frecuente o prolongado uso de hormonas esteroides como la cortisona, la prednisona u otros corticosteroides, vivir en un entorno húmedo o mohoso, un excesivo consumo de dulces o alcohol, y ciertas enfermedades como la diabetes, el cáncer o el sida.

Cómo diagnosticar la candidiasis

Hay tres formas de diagnosticar la candidiasis. Una es utilizar un cuestionario para diagnosticarla, como el que Kenneth Crook ofrece en su clásica obra *The Yeast Connection*. La segunda opción es que el médico mida el nivel de anticuerpos que indican la presencia del cándida (IgG, IgM y IgA) con un análisis de sangre. Un elevado nivel de anticuerpos IgG indica que el organismo del *candida* ha proliferado en los intestinos a un nivel excesivamente alto. Un elevado nivel de anticuerpos IgM muestra que el candida ha traspasado los intestinos y se ha vuelto sistémico. Un elevado nivel de anticuerpos IgA indica una producción de mucosa, como se aprecia en las infecciones vaginales por hongos levadura. Y la tercera opción es diagnosticar la candidiasis mediante un análisis fecal, ya que puede mostrar unos elevados niveles de levadura. Sin embargo, el análisis fecal puede salir negativo, aunque haya otros indicios que demuestren lo contrario.

Cómo recuperarse de una candidiasis

Para poder recuperarte de una candidiasis crónica has de seguir un programa compuesto de tres partes. En primer lugar, durante tres meses debes eliminar de tu dieta los productos de los que el organismo del *candida* se alimenta. Entre ellos se encuentran toda clase de azúcares, salvo el xylitol o la estevia, como son: la sacarosa, la fructosa, la dextrosa, la maltosa, la galactosa, las frutas desecadas y los zumos de frutas. (El xylitol y la estevia no alimentan al *candida*.) Evita también el alcohol, la levadura, los alimentos fermentados, el queso, el vinagre y los productos a base de harina refinada (incluyendo el pan), ya que también alimentan al *candida*. Al cabo de tres meses, puedes volver a introducir estos productos en tu dieta en pequeñas cantidades. Consulta la sección «Dieta para combatir el candida» que aparece a continuación.

En segundo lugar, necesitarás tomar algún medicamento antifúngico como la nistatina o el Nizoral (ketoconazol), que posiblemente te recete el médico durante varios meses. Ten en cuenta que entre los profesionales de la salud hay una controversia sobre el uso de estos fármacos. Los médicos convencionales tienden a recetarlos en altas dosis, en cambio los naturópatas y practicantes de medicinas alternativas usan la nistatina en bajas dosis o incluso no la utilizan. Uno de los problemas de la nistatina es que sólo elimina el candida de los intestinos, pero no afecta directamente la proliferación sistémica. Otro de sus problemas es que después de tomar durante mucho tiempo la nistatina, la levadura puede mutarse en otras formas que son resistentes al fármaco. Algunos profesionales de la salud sustituyen la nistatina por el *ácido caprílico,* ya que al ser absorbido a través de los intestinos, combate la candidiasis sistémica con más eficacia. Muchos otros profesionales también utilizan sello de oro o extracto de semillas de pomelo, o ambas cosas. Estas plantas contienen *berberina,* una sustancia que combate la candida. Algunas personas aquejadas de candidiasis también deciden incluir el té de Palo de Arco en el programa de tratamiento por sus propiedades antibacterianas y antifúngicas. Tomar cápsulas de multivitaminas y multiminerales, vitamina C, vitamina E y zinc, y aumentar la cantidad de ácidos grasos esenciales en la dieta también es eficaz. Habla de estas opciones con el médico y recuerda que has de combinarlas con la dieta para combatir el candida.

Por último, como el candida desplaza las bacterias beneficiosas intestinales, también necesitas restablecer la flora bacterial normal de los intestinos implantando estas bacterias amigas, como el *lactobacillus acidofilus* y el *lactobacillus bifidus.* Los suplementos prebióticos en general forman parte del tratamiento. Habla con el médico de ellos. Al cabo de uno o tres meses de seguir este régimen, hazte otro análisis para comprobar si los niveles de candida han vuelto a la normalidad.

La dieta para combatir el candida

Los siguientes principios dietéticos te ayudarán a recuperarte de una candidiasis. Quizá necesites modificarlos para que se adapten a tus necesidades particulares o a tu estilo de vida, pero normalmente constituyen una buena regla general.

Los alimentos que debes evitar son:

— leche y otros productos lácteos

— dulces y todo tipo de azúcares, salvo el xylitol o la estevia

— alcohol

— frutas y zumos de frutas (el pomelo es la única excepción)

— miel, melazas, edulcorantes artificiales

— chocolate

— alimentos que contengan levadura, incluyendo todo tipo de pan hecho con levadura

— queso envejecido

— mantequilla de cacahuete

— frutos secos tostados o procesados

— vinagre

— setas

— zumo de zanahoria

— cacahuetes

— productos a base de féculas, como pasta, chips o patatas, en grandes cantidades

— restos de comida (salvo si se han congelado)

Los alimentos que debes incluir en tu dieta son:

— pollo o pescado

— verduras crudas o cocinadas

— cereales, con moderación (el arroz integral es más adecuado que el trigo integral)

— huevos

— legumbres

— aliños a base de limón o aceite (sin vinagre)

— frutos secos crudos

— pan sin levadura (los encontrarás en la mayoría de las tiendas de productos naturales)

— quesos no envejecidos (como el Monterey Jack)

— ajo

— cápsulas de aceite volátil con recubrimiento gastrorresistente (por ejemplo, aceite de orégano)

Algunas personas al referirse a ella la llaman la dieta de «no poder comer nada» porque parece muy limitada. Si tienes la costumbre de comer grandes cantidades de dulces, es posible que la llames así durante la primera semana de haberla empezado. Sin embargo, al cabo de varias semanas descubrirás que una dieta sin azúcar también puede ser sabrosa y tu deseo de azúcar habrá desaparecido.

Si eres como tantas otras personas que se han recuperado de una candidiasis, descubrirás que gozas de más energía, estás menos deprimido, tienes menos problemas gastrointestinales y te sientes más vital. Estos beneficios harán que la estricta dieta sea más fácil de soportar.

Las toxinas del cuerpo

Un exceso de toxinas en el cuerpo, aunque no fomente directamente la ansiedad, al elevar el nivel de estrés físico, aumenta el efecto de los síntomas de la ansiedad. Las toxinas agravan las alergias y la vulnerabilidad a las sustancia químicas, lo cual a su vez puede empeorar la ansiedad. Los factores que causan una acumulación de toxinas en el cuerpo son el consumo de alimentos que contienen sustancias químicas, aditivos y pesticidas; la exposición a un entorno en el que el agua y la atmósfera estén contaminados; la exposición a sustancias que se emplean en el hogar, como productos de limpieza, desodorantes, lacas para el pelo, cosméticos e incluso alfombras (algunas desprenden sustancias químicas tóxicas); el uso de fármacos recetados o de drogas recreativas, y la acumulación en el cuerpo de productos de desecho, tu organismo los produce en grandes cantidades cuando estás estresado.

Si tienes un elevado nivel de toxinas en el cuerpo, puedes experimentar con frecuencia cualquiera de los siguientes síntomas:

— cansancio y poca energía

— dolor en articulaciones o músculos

— dolores de cabeza

— «atontamiento» o confusión mental

— irritabilidad y depresión

— insomnio

— vulnerabilidad a las sustancias químicas del ambiente

— depresión o irritabilidad

— una espesa capa sobre la lengua o un olor corporal anormal

— exceso de mucosidades (tos y sonido sibilante al respirar)

— alergias

— sinusitis o problemas respiratorios

El hígado y el colon son los órganos más afectados por la acumulación de toxinas. El hígado, después del cerebro y el corazón, es probablemente el órgano más importante del cuerpo. Es la «fábrica» metabólica en la que tienen lugar cientos de funciones necesarias para la vida. Algunas de las más importantes son:

— filtración de la sangre

— secreción de bilis, necesaria para digerir las grasas

— extracción y almacenamiento de vitaminas (como las vitaminas A, D y E) procedentes de los nutrientes del torrente sanguíneo

— síntesis de los ácidos grasos procedentes de los aminoácidos y el azúcar

— oxidación de las grasas para producir energía

— almacenamiento del azúcar en forma de *glucógeno,* que puede utilizarse cuando disminuye el azúcar o la glucosa en la sangre

— eliminación de los productos derivados de la digestión (como el amoníaco procedente de la digestión de las proteínas)

— eliminación de los restos metabólicos y las sustancias químicas y extrañas a las que estás expuesto

La presencia de toxinas en el cuerpo, tomar determinados fármacos, una dieta pobre y comer en exceso puede hacer que se acumulen depósitos de grasa en el hígado e interferir en su funcionamiento. Beber con regularidad grandes cantidades de alcohol puede dañar al hígado y acabar produciendo una cirrosis. Comer en exceso obliga al hígado a trabajar más de la cuenta y con el paso del tiempo puede llegar a debilitarse, sobre todo si se consumen alimentos llenos de conservantes y aditivos. Comer una gran cantidad de alimentos fritos o de productos procesados que contengan grasas trans también puede ser perjudicial para el hígado.

Desintoxica tu estilo de vida

Hay varios cambios dietéticos y cotidianos que puedes hacer para disminuir las toxinas de tu cuerpo.

Evita los alimentos con conservantes y aditivos. Intenta consumir productos no procesados e integrales lo máximo posible. Asegúrate de incluir en tu dieta una buena cantidad de frutas y verduras frescas, si es posible cinco raciones al día.

Reduce o elimina la cafeína, la nicotina, el azúcar y el alcohol. Aparte de los otros problemas físicos que estas sustancias causan, también intoxican el cuerpo.

Minimiza el uso de fármacos. Toma sólo los medicamentos necesarios que te recete el médico y evita las drogas recreativas.

Reduce las proteínas de origen animal (sobre todo la carne roja) y aumenta las fuentes vegetales de proteínas (tofu, tempeh y legumbres). Las proteínas de origen animal al metabolizarse.pueden producir restos tóxicos, sobre todo si no se digieren bien.

Bebe agua mineral o filtrada. Beber ocho vasos de agua de 250 ml al día ayudará a tus riñones a llevar a cabo el proceso natural de eliminación. Los riñones son esenciales para eliminar distintos restos tóxicos del cuerpo.

Incluye una buena cantidad de fibra en tu dieta. Asegúrate de que tu dieta contenga alimentos ricos en fibra como cereales integrales, todo tipo de salvado, frutas y verduras crudas frescas, frutos secos y semillas, y legumbres como judías, lentejas o garbanzos. Si lo deseas, también puedes tomar el suplemento de fibra que te recomiende el médico.

Abandona los alimentos congestivos que producen ácido y adopta los desintoxicadores que son alcalígenos. Por eso debes consumir menos carne roja, dulces, fritos, alimentos grasos, leche, queso, huevos, harina refinada, productos salados y cualquier alimento que te produzca alergia, como la harina o los lácteos.

Consume más verduras frescas, frutos, cereales integrales, legumbres, frutos secos y semillas, y aumenta la proporción de alimentos crudos que ingieres. Es saludable incluir en cada comida verduras frescas crudas y frutas. Ten en cuenta que en tu dieta has de ir cambiando los productos que producen ácido por los alcalígenos de un modo que se adapte a tu constitución individual y necesidades. Si sueles consumir alimentos productores de toxinas, haz el cambio poco a poco. Un día a la semana toma una dieta más ligera.

Haz ejercicio vigoroso con regularidad. La actividad física intensa te ayuda a eliminar las toxinas del cuerpo a través de la transpiración y apoya los sistemas digestivo, renal y linfático.

Pregunta al médico o a un profesional de la salud si te conviene tomar suplementos nutricionales antioxidantes. Entre estos suplementos se incluyen la vitamina C, la vitamina E, el betacaroteno, el selenio, el zinc, el ácido tióctico, la coenzima Q10 y aminoácidos como la cisteína, la metionina, el glutatione y la glicina.

Investiga qué plantas son las que te ayudarán a desintoxicar el cuerpo. Antes de utilizarlas, consulta al naturópata o a un herbólogo. Algunas de las plantas que ayudan a limpiar las toxinas del cuerpo son el cardo lechero, la raíz de diente de león, la bardana, la pimienta de cayena, el jengibre, el regaliz, la equinácea y el sello de oro. Si tomas un poderoso suplemento multivitamínico y mineral, te ayudará a eliminar las sustancias tóxicas procedentes de metales pesados y a limpiar el hígado.

Fomenta la limpieza del colon. Adquiere un laxante natural que contenga bentonita, sena o cáscara sagrada. La cáscara de las semillas de psilio, que encontrarás en cualquier tienda de productos naturales, también limpia las mucosidades del intestino delgado y arrastra las toxinas de los intestinos. Habla de estas dos opciones con el médico o con un profesional de la salud. Recuerda que incluso los laxantes naturales pueden crear dependencia, así que úsalos con moderación. Algunas personas dicen que la hidroterapia de colon administrada por un terapeuta especializado en el colon les ha producido excelentes resultados. Esta terapia consiste en irrigar y limpiar el colon con agua mediante una máquina especial.

Fomenta la limpieza del hígado. Come alimentos que protejan el hígado y mejoren su función, como las verduras de la familia de las crucíferas, como la col, el brócoli y las coles de bruselas, y alimentos ricos en azufre como el ajo, la cebolla, los huevos y las legumbres. Plantas como la raíz de diente de león, la bardana y el cardo lechero también suelen emplearse para limpiar el hígado.

Intoxicación causada por metales pesados

Los metales como el mercurio, el plomo y el aluminio son tóxicos cuando superan el umbral tolerado por el cuerpo humano. Por desgracia, a causa de la contaminación industrial moderna y de la de otras procedencias, estamos expuestos a los metales pesados en unas cantidades excesivas. Esta situación puede generar una gran variedad de síntomas. La gravedad del problema depende del tipo de metal, de la edad, del tiempo de la exposición al mismo y de la presencia de factores protectores que inhiban la absorción y mitiguen los efectos de largo alcance de los metales. Un sencillo análisis capilar (el médico de cabecera o un profesional de la salud puede encargarlo) mostrará con claridad si tienes este problema. Para realizar el análisis capilar se envía una pequeña muestra de cabello al laboratorio, donde lo analizan para ver si contiene un exceso de metales pesados como el mercurio, plomo, cadmio, níquel y aluminio, y también alguna deficiencia de minerales esenciales como el calcio, magnesio, zinc y manganeso.

INTOXICACIÓN POR MERCURIO

El mercurio es el más tóxico de los metales pesados. Es un veneno que se acumula no sólo en el cuerpo sino también en el cerebro. Las dos fuentes más comunes de mercurio son las amalgamas dentales y ciertas clases de pescado.

La mayoría de los llamados empastes de plata se componen de un 50 por ciento de mercurio. A medida que el empaste va envejeciendo, desprende vapor de mercurio, y al combinarse con sustancias químicas de la boca, produce pequeñas cantidades de un compuesto tóxico llamado *metil de mercurio,* el cual es absorbido directamente por el cuerpo.

Casi todos los peces contienen pequeñas cantidades de metil de mercurio, pero los grandes peces depredadores como el tiburón, el pez espada, el pez aguja y el atún de gran tamaño acumulan niveles más elevados por la gran cantidad de peces que comen. Si consumes peces grandes o de agua dulce con frecuencia (más de dos o tres veces por semana) podrías tener unos elevados niveles de mercurio. Otras fuentes de mercurio son los suavizantes para la ropa, la tinta de las imprentas o de los tatuajes, y ciertas pinturas, líquidos para limpiar metales, disolventes y productos para conservar la madera.

Los síntomas más comunes de una intoxicación por mercurio son la fatiga, la irritabilidad, el insomnio, la pérdida de memoria, la confusión, la ansiedad, la depresión, la debilidad muscular y una baja función inmune. En los casos graves puede aparecer una sensación de aturdimiento, hormigueo y unos síntomas parecidos a los de la esclerosis múltiple.

Intoxicación por plomo

El plomo es uno de los metales más usados en el mundo moderno y también uno de los más tóxicos. Al igual que el mercurio, se acumula en el cuerpo y no se elimina con facilidad. Inhibe una variedad de funciones de las enzimas y cuando está presente en cantidades tóxicas puede dañar los riñones, el hígado, el corazón y el sistema nervioso. Los niños absorben de un 20 a un 45 por ciento más de plomo que los adultos por cada medio kilo de peso corporal y son especialmente vulnerables a él. Si tienes una deficiencia de calcio, también eres más vulnerable a la intoxicación por plomo.

Las fuentes de plomo incluyen las pinturas a base de este metal, la cerámica vidriada, la gasolina con plomo, el contenido de las baterías ácido-plomo de los coches, el tabaco, algunos vinos de mesa importados y las frutas y verduras envasadas en latas soldadas con plomo. El agua que circula por tuberías de plomo también es un problema (antes de los años treinta había tuberías de plomo en casi todos los hogares). Unos años más tarde también se utilizaron tuberías de cobre unidas con soldaduras de plomo que contenían un 50 por ciento de este metal tóxico. Por eso en general es una buena idea tener en el hogar un sistema para purificar el agua que filtre el plomo. Por desgracia, la intoxicación por plomo es muy común en los niños de familias de escasos recursos que habitan en zonas insalubres de los centros urbanos. Estos niños están expuestos a una mayor cantidad de humos tóxicos y en algunos casos también se comen los pedacitos de pintura que contienen plomo de las paredes desconchadas. En Estados Unidos mueren cerca de 200 niños cada año y unos 800 sufren una lesión cerebral irreversible debido a la intoxicación por plomo.

Los síntomas más comunes de una intoxicación por plomo son fatiga, irritabilidad, ansiedad, confusión mental, pérdida de apetito, pérdida de peso, temblores, ataques epilépticos y mareo. Los síntomas de esta clase de envenenamiento en los niños son un pobre crecimiento de los huesos, dificultades de aprendizaje, debilidad muscular y rachas de cólicos gastrointestinales.

Intoxicación por aluminio

El aluminio no es un metal pesado, pero en cantidades excesivas es tóxico para el cuerpo, sobre todo si se deposita en el cerebro. Los síntomas de una intoxicación por aluminio se parecen a los de la enfermedad de Alzheimer. El exceso de aluminio aparte de afectar al cerebro también puede dañar los riñones.

El uso excesivo de antiácidos que contienen hidróxido de aluminio es la fuente más común de una intoxicación por aluminio en el mundo moderno. Te recomiendo que uses sobre todo antiácidos que no contengan hidróxido de aluminio. Otras fuentes de aluminio son las ollas de aluminio, muchos productos para el hogar (como los antitranspirantes y la levadura en polvo) que contienen aluminio, y el suministro de aguas municipales tratadas con alumbre (sulfato de aluminio).

Los síntomas de una intoxicación por aluminio son un extremo nerviosismo, dolores de cabeza, mala memoria, debilidad muscular, problemas gastrointestinales, anemia, una baja función del hígado y los riñones y debilidad ósea.

Tratamiento para la intoxicación por mercurio, plomo y aluminio

Si los niveles de mercurio son ligeramente elevados, es útil tomar unos nutrientes como el ácido tióctico, la n-acetil cisteína y la fosfatidilcolina. De lo contrario, el principal tratamiento tanto para una intoxicación por mercurio como por plomo es la *terapia de quelación,* que comúnmente suele usar el *DMSA* (meso-2,3-ácido dimercaptosuccínico). El DMSA se une con el mercurio y el plomo y luego estos metales se eliminan del cuerpo a través de la orina y las heces. Suele tormarse oralmente (en cápsulas). La terapia de quelación sólo ha de realizarse bajo la supervisión de un médico o un profesional de la salud experimentado. El tratamiento suele consistir en tomar de 200 a 1.200 mg de DMSA durante dos o tres días, seguido de un periodo de limpieza de dos semanas, y luego se repite el tratamiento tantas veces como haga falta hasta que los niveles de mercurio o de plomo vuelvan a la normalidad.

Para tratar un envenenamiento por mercurio se recomienda tomar suplementos de aminoácidos n-acetil-cisteína y metionina, chlorella (un alga verde que se ha demostrado que elimina los metales pesados del cuerpo) y cilantro fresco, junto con una dieta compuesta de productos integrales y grandes cantidades de agua filtrada. Para un envenenamiento por plomo se recomienda además tomar suplementos de pectina de manzana, alfalfa, kelp o ajo. El proceso de quelación puede durar de uno a tres meses. Después se realizan análisis capilares para comprobar los niveles de mercurio y plomo.

La terapia de quelación también se utiliza para tratar la intoxicación por aluminio. Sin embargo, algunos médicos creen que es ineficaz en el caso del aluminio y recomiendan otros métodos para eliminarlo del cuerpo. Consulta al médico o al profesional de la salud para saber los procedimientos de desintoxicación actuales.

La mayoría de los médicos recomiendan reemplazar los empastes de plata por empastes de resina compuesta antes de la terapia por quelación. Si los empastes que contienen mercurio son tu principal fuente de exposición al mercurio, es lógico que te los hagas quitar antes de empezar la terapia para limpiar el mercurio del cuerpo. En la mayoría de las ciudades hay dentistas especializados en el delicado proceso de sacar las amalgamas dentales que contienen mercurio y reemplazarlas por otras más saludables de una forma que se minimice la exposición al mercurio. Consulta a un médico holístico o a un naturópata de la zona en la que vives dónde puedes dirigirte para encontrar un dentista de este tipo.

Síndrome premenstrual

El *síndrome premenstrual* (SPM) comporta una constelación de síntomas físicos y psicológicos molestos que muchas mujeres tienen en los días previos a la menstruación. Los síntomas físicos más comunes son: retención de líquidos, sensibilidad mamaria, hinchazón abdominal, acné, dolores de cabeza, aumento del apetito y unos fuertes deseos de alimentos dulces. Los síntomas psicológicos son: depresión, irritabilidad, ansiedad y tensión, cambios de humor, dispersión y mala memoria, cansancio e incluso la sensación de «enloquecer». La mitad de las mujeres también experimentan en este periodo una creciente depresión, ansiedad o irritabilidad, además de algunos de los síntomas que se acaban de citar. Las reacciones de pánico pueden ser también un síntoma del SPM. La pregunta que hay que hacerse es si los ataques de pánico suelen ocurrir —o si su frecuencia e intensidad aumenta— durante los días previos a la menstruación. Si es así, tratar tu SPM puede ayudarte a reducir o eliminar los ataques de pánico.

La mayoría de las teorías médicas sobre el SPM se basan en un desequilibrio en la cantidad de estrógenos y progesterona en el cuerpo femenino, sobre todo durante la segunda mitad del ciclo menstrual. Durante este periodo de catorce días, los niveles de progesterona suelen caer, y en cambio los niveles de estrógenos se elevan ligeramente. Unos niveles insuficientes de progesterona con relación a la cantidad de estrógenos tiende a fomentar la retención de líquidos y otros síntomas problemáticos del SPM.

Otras teorías sobre el SPM sugieren que la menstruación permite al cuerpo eliminar el exceso de toxinas acumuladas debido a una dieta inadecuada y también las sustancias químicas tóxicas procedentes de la contaminación ambiental. Los síntomas de los días previos a la menstruación reflejan la reacción del cuerpo ante un exceso de toxinas. De lo que se deduce que seguir una dieta sana y reducir la exposición a sustancias químicas tóxicas pueden ayudar a disminuir los síntomas del SPM.

Probablemente ambas teorías son válidas. Los síntomas del SPM se reducen sin duda eliminando los alimentos que tienden a empeorarlos. En muchos casos también se pueden aliviar tomando complementos vitamínicos, minerales y plantas, sobre todo los que elevan el nivel de progesterona en el cuerpo. A continuación se ofrecen algunos consejos para tratar el SPM. Antes de seguirlos, pide consejo a un médico, nutricionista o practicante de medicina china titulado experto en tratar este problema.

Ayudas dietéticas para el SPM

Evita o reduce al máximo los siguientes alimentos:

— Alimentos con un elevado nivel de azúcar y grandes cantidades de hidratos de carbono simples (pan, patatas fritas o pasta). Sobre todo es importante evitar el impulso de atiborrarse de alimentos dulces y ricos en hidratos de carbono, incluyendo el chocolate, una semana antes de la aparición de los síntomas.

— Alimentos salados, ya que te ayudará a reducir la hinchazón abdominal y la retención de líquidos.

— Alimentos ricos en grasas.

— Bebidas con cafeína, incluyendo el café, el té y las bebidas a base de cola. La cafeína se asocia con la sensibilidad mamaria.

— Alcohol.

Come una buena cantidad de frutas y verduras frescas, pan integral y cereales, legumbres, frutos secos, pollo de granja y pescado.

Suplementos para el SPM

La siguiente lista contiene los suplementos de vitaminas y minerales que alivian los síntomas del SPM.

Un potente complejo de vitamina B combinado con calcio y magnesio (1.000 mg de calcio para 500 mg de magnesio). El suplemento de calcio y magnesio ayuda a reducir los calambres menstruales.

Vitamina B_6. La dosis recomendada es de 200 mg al día durante la semana previa a la menstruación, pero evita tomar tanta vitamina B_6 durante más de una semana cada mes.

Ácidos grasos esenciales. Una buena fuente de ácidos grasos esenciales se encuentra en el aceite de pescado, que contiene los ácidos grasos omega-3 *EPA* y *DHA*. Puedes tomar de 500 a 2.000 mg al día de EPA/DHA combinados en forma de cápsulas de aceite de pescado. Otra fuente alternativa de ácidos grasos omega-3 de origen vegetal es el aceite de lino o linaza. Sin embargo, la conversión en EPA y DHA no es tan eficaz como en el caso del aceite de pescado. El aceite de borraja, el aceite de semilla de grosella negra o el aceite de prímula son unas fuentes de omega-6 en forma de *GLA*, unos ácidos grasos especiales esenciales para los humanos. Puedes tomar de 300 a 900 mg al día en cualquiera de estas formas.

Progesterona natural. Se puede adquirir sin receta en forma de cremas para la piel. La dosis habitual es de 28 gr al mes, equivale a un cuarto de cucharadita al día, salvo los primeros siete días del ciclo menstrual, en los que no se aplica. Antes de empezar a utilizar la progesterona natural te aconsejo que consultes a un profesional de la salud experto en tratar el SPM.

Tiptófano en forma de 5-HTP o L-Triptófano (véase el capítulo 6), hay que tomarlo al menos los días que se tienen los síntomas. El SPM también suele asociarse con una actividad reducida de la serotonina, y el triptófano incrementa los niveles de serotonina.

Plantas para el SPM

Las siguientes plantas ayudan a reducir los síntomas físicos y psicológicos del SPM:

— Angélica china (*Angelica sinensis*). Esta planta aumenta la energía y estabiliza los cambios de humor durante el SPM. Se puede tomar en cápsulas (sigue la dosis que se recomienda en la etiqueta) o en infusión.

— Raíz de jengibre o de regaliz.

— El romero, el mundillo y el kava son conocidos por aliviar los calambres. (Véase la advertencia sobre el kava en el capítulo 6.)

— Té Kombucha. Da energía y estimula el sistema inmunológico. Se sabe que ha ayudado a algunas mujeres.

Un ejercicio físico regular

Y, por último, aunque no deja por ello de ser menos importante que el resto, si haces ejercicio físico con regularidad vigorizarás tu metabolismo y reducirás los niveles de estrés. Si no puedes hacer un ejercicio vigoroso, intenta caminar al menos un kilómetro y medio cada día. Véase el capítulo 2.

Trastorno afectivo estacional

Cuando las estaciones cambian de primavera y verano, a otoño e invierno, ¿tienes los siguientes síntomas?

— menos energía de la habitual

— te despiertas sintiéndote cansado, aunque hayas dormido más horas

— tienes cambios de humor, por ejemplo te sientes más ansioso, irritable, triste o deprimido

— rindes menos o tu creatividad disminuye

— sientes que tienes poco control sobre tu apetito o tu peso

— tienes más problemas de memoria y de concentración

— tu interés por relacionarte con los demás disminuye

— tu capacidad para afrontar el estrés es menor

— sientes menos entusiasmo por el futuro o no disfrutas tanto de la vida

Si tienes dos o más de estos síntomas, podrías ser una de las muchas personas que sufren el *trastorno afectivo estacional* (TAE) o una forma suave de este trastorno conocida como TAE *subsin-*

dromal. El trastorno afectivo emocional es una depresión cíclica que aparece durante los meses de invierno, normalmente entre noviembre y marzo. Se debe a una insuficiente exposición a la luz solar. A medida que los días se acortan y el ángulo del sol cambia en otoño, los síntomas del TAE empiezan a aparecer. Se estima que el 20 por ciento de los estadounidenses adultos, o sea 36 millones de personas, padecen el TAE y el TAE subsindromal. Cuanto más lejos vivas del ecuador, más vulnerable serás a padecer este trastorno.

La ansiedad y el TAE

Muchas personas con trastornos de ansiedad sienten que su estado empeora a finales de otoño y en invierno. En esta época los ataques de pánico ocurren con más frecuencia y la sensación generalizada de ansiedad puede aumentar junto con la depresión. No es extraño que ocurra, ya que los mismos sistemas del cerebro que participan en la base neurobiológica de la depresión, el *sistema noradrenérgico* y el sistema de la *serotonina,* también están implicados en los trastornos de ansiedad, sobre todo en el trastorno del pánico, el trastorno de ansiedad generalizada y el trastorno obsesivo-compulsivo. Los desequilibrios bioquímicos de estos sistemas algunas veces pueden provocar depresión, y otras, empeorar los trastornos de ansiedad. Y, por desgracia, para muchas personas los problemas de ansiedad y depresión coexisten, y empeoran durante los meses de invierno.

Los síntomas del TAE, tanto si se manifiestan como depresión o como ansiedad, no sólo están causados por la menor exposición a la luz solar durante los meses de invierno, sino por pasar demasiado tiempo en lugares cerrados con un bajo nivel de luz, ya sea en casa o en el trabajo. Según algunas investigaciones, algunas personas que trabajan en un local sin ventanas pueden manifestar los síntomas de TAE incluso en verano. Las personas sensibles también pueden tenerlos en cualquier época del año después de una serie de días nublados.

Antes se creía que el TAE estaba causado por la insuficiente supresión de una hormona en el cerebro llamada *melatonina*. La glándula pineal del cerebro secreta esta hormona varias horas después de haber anochecido. Es uno de los mecanismos a través del cual el cerebro nos dice que ha llegado la hora de acostarse. Por la mañana, al salir el sol, el cuerpo deja de secretar melatonina y sabemos que ha llegado la hora de levantarnos. Aunque esta teoría fue popular durante muchos años, la hipótesis de que el TAE está causado por una insuficiente supresión de la *melotonina* no ha llegado a confirmarse por medio de una investigación sistemática. Los resultados de los estudios han sido muy variados y los investigadores han buscado en otras direcciones para descubrir las claves del origen del TAE. La hipótesis que en la actualidad está recibiendo más atención es que una cantidad insuficiente de luz solar puede bajar los niveles de serotonina en el cerebro. Norman Rosenthal (1993), uno de los investigadores punteros en este campo, escribe que cuando las personas vulnerables reciben poca luz —como durante el invierno— producen una cantidad insuficiente de serotonina. Rosenthal y otros investigadores creen que los bajos niveles de serotonina son los responsables de los síntomas del TAE.

Las deficiencias de serotonina suelen relacionarse con los síntomas de depresión, ansiedad, o con ambos, por eso muchos fármacos que inhiben la recaptación de la serotonina en el cerebro —fármacos como el Prozac (fluoxetina), el Zoloft (sertralina) o el Paxil (paroxetina) suelen aliviar la depresión y muchos de los trastornos de ansiedad. Pero ¿por qué una insuficiente exposición a la luz solar afecta a la serotonina? Y ¿por qué sólo en determinadas personas? La respuesta a la primera pregunta todavía se está investigando. Y la respuesta a la segunda es que existen algunas pruebas de que las personas vulnerables al TAE son menos capaces de recibir o procesar la luz a un nivel neurológico que las personas que no desarrollan el TAE.

Durante el invierno las personas con TAE tienden a desear comer cosas dulces e hidratos de carbono. Al comer grandes cantidades de hidratos de carbono, aumenta la cantidad de *triptófano* (un aminoácido esencial que producen los alimentos proteicos) que llega al cerebro. Una vez en el cerebro, el triptófano se convierte en serotonina, un neurotransmisor esencial para el bienestar psicológico. Comer dulces e hidratos de carbono hace que el triptófano compita con ventaja con los otros aminoácidos del cuerpo para llegar al cerebro. De modo que si en invierno sientes la necesidad de comer cosas dulces y productos a base de fécula, podría ser porque tu cuerpo intenta elevar los niveles de serotonina.

La terapia con luz para tratar el TAE

El tratamiento más eficaz para reducir los síntomas del TAE es *la terapia con luz*. En un principio el TAE se reduciría en invierno si pasásemos más tiempo al aire libre cada día. Pero a no ser que seas un monitor de esquí o el operario de una máquina quitanieves, esta solución es poco viable. La terapia con luz (o fototerapia) consiste en usar en casa un dispositivo, o varios, para recibir una luz más brillante. Algunas veces las personas muy sensibles sólo necesitan aumentar la luz de la habitación o instalar unas bombillas más potentes para experimentar una mejoría. Sin embargo, la mayor parte de los afectados de TAE necesitan recibir unos niveles más elevados de luz, al menos ha de ser cuatro veces más intensa que la luz que suele haber en casa o en la oficina.

Para aliviar los síntomas del TAE se utilizan las *cajas luminosas*. Una caja luminosa se compone de varios fluorescentes y una pantalla difusora de plástico. La mayoría de estos aparatos irradian de 2.500 a 10.000 lux de energía luminosa, un nivel mucho más elevado que el de la luz exterior habitual (aproximadamente de 200 a 1.000 lux). Una sesión típica de fototerapia consiste en sentarse por la mañana a medio metro o un metro de distancia de la caja luminosa durante un periodo de media hora a dos horas. No es necesario ni aconsejable mirar directamente la luz; en su lugar se puede aprovechar el tiempo para leer, escribir, comer, coser o hacer cualquier otra cosa que uno necesite hacer. La cantidad de exposición diaria necesaria para reducir los síntomas varía de una persona a otra. Prueba adaptando la duración de la exposición según tus propias necesidades.

Otros dispositivos utilizados en la fototerapia son el *simulador de sol* y la *visera luminosa*. El simulador de sol es un dispositivo conectado a la luz de la habitación que crea un amanecer artificial en el dormitorio al producir una luz muy tenue, digamos que a las seis de la madrugada, e ir aumentándola en intensidad poco a poco hasta las siete de la mañana. La visera luminosa es un liviano dispositivo luminoso que se lleva en la cabeza a modo de gorra. Permite mayor movilidad que la caja luminosa.

La fototerapia es muy eficaz si se administra adecuadamente. En las pruebas experimentales llevadas a cabo se observó que ayudó en un porcentaje del 75 al 80 por ciento a un grupo de afectados con TAE al cabo de una semana de recibirla con regularidad (Rosenthal, 1993). Antes de someterte a una terapia con luz consúltalo con el médico o con algún otro profesional de la salud que conozca esta terapia y sus aplicaciones. Aunque los aparatos de fototerapia se adquieran sin receta, te ahorrarás tiempo —y los efectos secundarios que podrían producirte, como dolores de cabeza, cansancio ocular, irritabilidad o insomnio— si alguien te enseña a usarlos adecuadamente. Consulta el apartado «Recursos» del apéndice para informarte con mayor lujo de detalles sobre el TAE y los aparatos luminosos que existen para tratar este tipo de trastornos.

Cómo afrontar el TAE

La Organización Nacional para el Trastorno Afectivo Emocional (NOSAD) ofrece las siguientes sugerencias:

— Habla sobre tus síntomas con un médico. Tal vez te dirija a un psiquiatra que pueda diagnosticarte el trastorno afectivo emocional o el TAE subsindromal y recetarte un tratamiento con luz especial para aliviar los síntomas. Los suplementos que potencian la serotonina, como el triptófano o el hipérico (véase el capítulo 6), son útiles para tratar a algunas personas aquejadas de depresión estacional.

— Si te diagnostican el TAE o el TAE subsindromal y el médico te receta una terapia con luz, no te saltes ni acortes el tratamiento porque te sientas mejor, ya que podrías tener una recaída. Fija con el médico la cantidad de tiempo de exposición diaria, la hora de la terapia, la distancia a la que debes mantenerte y la intensidad de luz que necesitas para tu tratamiento personalizado.

— Recibe la máxima cantidad de luz que puedas y evita los ambientes oscuros durante las horas de luz del invierno.

— Reduce los ligeros síntomas depresivos invernales haciendo ejercicio a diario, si es posible al aire libre, para aprovechar la luz natural.

— Si te resulta imposible hacer ejercicio al aire libre en invierno debido al frío extremo, hazlo en casa. Si es posible, intenta cada día sentarte con frecuencia un ratito cerca de una ventana orientada hacia el sur para que te dé el sol.

— Cambia de lugar el mobiliario de la habitación en la que trabajas para situarlo cerca de una ventana o ilumina con una potente luz esa área.

— Despiértate y acuéstate siempre a la misma hora. Las personas con TAE dicen que se sienten más despejadas y menos cansadas cuando se levantan y se acuestan siguiendo un horario fijo que cuando varían su programa.

— Sé consciente de la fría temperatura del exterior y abrígate para conservar la energía y el calor. Muchas personas que acusan los cambios estacionales dicen ser vulnerables a las temperaturas extremas.

— En invierno organiza las salidas familiares y las reuniones sociales para que tengan lugar de día o a primeras horas de la noche. Evita acostarte muy tarde por la noche porque tu horario de sueño y tu reloj biológico se alterarían.

— Conserva la energía distribuyendo el tiempo sensatamente y evitando o minimizando el estrés innecesario.

— Intenta poner en el dormitorio un temporizador que encienda la luz por la mañana a una hora determinada o utiliza un simulador de sol para que se active más o menos media hora antes de la hora de levantarte. Algunas personas con TAE dicen que esta técnica luminosa tuvo un efecto antidepresivo y les ayudó a despertarse con más facilidad.

— Si has de hacer algún cambio importante en tu vida, siempre que sea posible posponlo para primavera o verano.

— Comparte las experiencias relacionadas con el TAE como un medio para obtener información, comprensión, validación y apoyo.

— Si te resulta posible, organiza las vacaciones de invierno para ir a lugares donde el clima sea cálido y soleado.

Las deficiencias de minerales y vitaminas

El calcio y el magnesio son unos minerales importantes para regular la transmisión de los impulsos nerviosos tanto en el cerebro como en el sistema musculoesquelético. Las deficiencias de estos minerales, causadas por la dieta incompleta o por una asimilación intestinal pobre, pueden acabar produciendo tensión muscular y espasmos crónicos, lo cual a su vez hace que te sientas ansioso y tenso. Reconocerás fácilmente las deficiencias de estos dos minerales (y las de otros minerales esenciales como el zinc y el manganeso) si tu médico ordena que te hagan un análisis capilar. Es el mismo test que se utiliza para diagnosticar las intoxicaciones por metales pesados descritas en este capítulo. Incluso sin el test, te recomiendo que tomes una dosis al día de calcio (de 1.000 a 1.500 mg) y de magnesio (de 500 a 1.000 mg), lo más probable es que te sientas más relajado y duermas mejor. Muchos fabricantes de vitaminas combinan estos dos minerales en una sola cápsula.

Las vitaminas del grupo B también son importantes para el buen funcionamiento del sistema nervioso. Como indico en el siguiente capítulo, es una buena idea tomar una cápsula del complejo B-50 una o dos veces al día, sobre todo si estás estresado. Unas dosis más elevadas de las dos vitaminas B pueden ser también muy convenientes. La vitamina B_3 o la niacina actúa en el cerebro de una forma parecida a la de los tranquilizantes a base de benzodiacepina como el Xanax y el Klonopin (Larson, 1999). Muchas personas descubren que al tomar como complemento unas dosis de

500 a 1.000 mg al día, sienten un efecto calmante. La vitamina B_3 en forma de nicotinamida es más recomendable que la niacina, ya que ésta puede causar sofocos y una sensación de hormigueo. Si adviertes que unas dosis más elevadas de nicotinamida o de niacina te producen náuseas, deja de tomarla por un día y reduce la dosis a la mitad. La vitamina B_5 o el ácido pantoténico se agota rápidamente cuando estás bajo estrés. Si lo complementas con una dosis diaria de 500 a 1.000 mg, te ayudará a fortalecer las glándulas adrenales, aumentará tu resistencia al estrés e incluso puede aliviar los síntomas alérgicos.

Piroluria

De un 20 a un 40 por ciento de personas con trastornos de ansiedad tienen unos elevados niveles de un grupo de sustancias químicas llamadas criptopirroles, un subproducto inútil de la síntesis de la hemoglobina (Larson, 1999). Este trastorno recibe el nombre de piroluria y normalmente tiene el problema de reducir los niveles de vitamina B_6 y zinc, lo cual a su vez puede provocar un montón de problemas, incluyendo la ansiedad. Algunos de los síntomas de la piroluria son palidez, una excesiva sensibilidad a la luz solar, marcas blancas en las uñas (debido al bajo nivel de zinc), depresión, ansiedad y fatiga.

Para saber si eres pirolúrico, dile al médico que pida un test para medir el nivel de criptopirroles (véase el apartado «Una exhaustiva revisión médica» de las páginas 206-207). Esta dolencia se trata tomando grandes dosis de vitamina B_6 (200 mg dos veces al día) y zinc (25 mg dos veces al día), junto con otros suplementos diarios, como magnesio (500 mg), gluconato de manganeso (de 10 a 20 mg), piridoxal-5-fosfato (de 50 a 100 mg) y nicotinamida (500 mg). Como el manganeso y el zinc compiten entre sí en la asimilación, es mejor tomarlos por separado en distintos momentos. Después de consultarlo al médico, mantén este régimen durante un mes o hasta que los síntomas mejoren.

Desequilibrios causados por la histamina

La histamina es una sustancia química del cerebro que ayuda a estimular y regular la liberación de neurotransmisores como la serotonina, la norepinefrina y la dopamina. Si el nivel de histamina es demasiado bajo, los niveles de dopamina en el cerebro pueden subir y provocar la aparición de síntomas como irritabilidad y fatiga, y en los casos extremos, paranoia y trastornos mentales. En cambio, un nivel demasiado alto de histamina en el cerebro puede estar asociado a obsesiones y compulsiones. En un estudio realizado hace algunos años (Pfeiffer, 1975), se descubrió que las obsesiones y la necesidad de realizar rituales compulsivos que manifestaban los pacientes psiquiátricos con un elevado nivel de histamina, disminuían al equilibrar la histamina a un nivel normal. No todos los que sufren trastornos obsesivo-compulsivos tienen unos altos niveles de histamina, no obstante si las obsesiones y las compulsiones son un problema para ti, vale la pena decir al médico que pida un análisis de sangre para medir la histamina.

Si los resultados del test muestran que tu nivel de histamina es demasiado alto, este problema se puede tratar tomando metionina, un aminoácido (de 1.000 a 2.000 mg al día) en dosis divididas con el estomago vacío. Un suplemento de calcio-magnesio (1.000 mg de calcio y 500 mg de magnesio) ayudará a la metionina a trabajar mejor. Sigue este régimen durante un mes y luego reduce la dosis de metionina a 100 mg por día (la metioinina es un buen antioxidante).

Si en cambio tu nivel de histamina es demasiado bajo, se puede corregir tomando histidina, un aminoácido (precursor de la histamina), de 500 a 1.500 mg al día. Como la histidina se une con el zinc, también es importante tomar suplementos de zinc (de 25 a 50 mg al día). Otros suplementos que aumentan los niveles de histamina son la vitamina B_{12} (de 500 a 1.000 µg al día) y el ácido fólico (de 800 a 1.600 µg al día). Después de consultarlo con el médico, toma histidina durante dos o tres semanas y luego deja de tomarla. Para recibir más información sobre el diagnóstico y el tratamiento de unos niveles anormales de histamina, véanse las obras de Pfeiffer y Larson al final del libro.

6

Suplementos naturales para combatir la ansiedad

Algunos suplementos nutricionales alivian hasta cierto grado la ansiedad. En este capítulo se describen los más utilizados para combatir la ansiedad y disminuir el estrés. Estos suplementos incluyen plantas, vitaminas, aminoácidos y hormonas. Como muchos de ellos se han puesto de moda en los últimos años, seguramente los encontrarás en la farmacia o en la tienda de productos naturales de tu barrio.

Algunos de los suplementos que se describen en este capítulo se han estado utilizando a lo largo de la historia, y en la actualidad muchos de ellos se usan ampliamente tanto en Europa como en Estados Unidos. Probablemente hayas oído hablar de la utilidad del hipérico y ya sepas que el calcio produce un efecto calmante. El *GABA,* un aminoácido que alivia el estrés, es otro suplemento del que se ha hablado en numerosos artículos que han aparecido en la prensa en los últimos años.

Es importante recordar que aunque puedas adquirir sin receta médica los suplementos descritos en este capítulo, cuando los ingieres (salvo en el caso de las vitaminas) estás tomando una clase de medicamento, y todos los medicamentos comportan sus riesgos. Algunos pueden agravar un trastorno, otros interactuar con los medicamentos recetados y causar unos peligrosos o problemáticos efectos secundarios, y muchos por sí solos pueden producir efectos secundarios. Por ejemplo, el SAM-e puede intensificar los estados maníacos del trastorno bipolar y el hipérico no ha de tomarse con los antidepresivos inhibidores de la MAO.

Por eso te recomiendo que no tomes ninguno de los suplementos a base de plantas, aminoácidos o hormonas descritos en este capítulo sin el consentimiento del médico. Lo ideal sería consultar con un médico que haya estudiado tanto la medicina convencional como la alternativa y seguir el tratamiento bajo su supervisión. Asegúrate de informarle de cualquier afección que tengas y de los medicamentos que estás tomando, y pregúntale además las dosis de los suplementos que estás considerando tomar. En cada complemento nutricional descrito en este capítulo se indican las reaccionas adversas conocidas que puede producir y las medidas de seguridad que hay que tomar. Recuerda que son unas precauciones *generales* y que cada persona tiene un perfil médico único. De modo que quizá en tu caso hayas de tener otros elementos en cuenta. Si tu médico no parece conocer los suplementos más recomendables, sus posibles efectos secundarios y sus interacciones con otros medicamentos, consulta al farmacéutico o un médico naturista experto en suplementos nutricionales.

Al probar cualquiera de los relajantes naturales o los antidepresivos que se describen más adelante, te recomiendo que tomes sólo uno cada vez para evaluar sus efectos. Combinar dos o más suplementos naturales (por ejemplo, el hipérico, el triftófano, la tirosina y el SAM-e para la depresión) es en la mayoría de los casos seguro, pero te recomiendo que pidas antes consejo a un médico o a un profesional de la salud experto en complementos nutricionales.

Plantas medicinales

En general las plantas actúan con más lentitud que los fármacos. Si estás acostumbrado a los rápidos e intensos efectos de medicamentos como el Xanax (alprazolam), debes ser paciente con los efectos más suaves de plantas como la valeriana. En muchos casos las plantas son tan eficaces como los fármacos y tienen menos efectos secundarios que algunos medicamentos comunes como el Prozac. Hay varias plantas medicinales que sirven para disminuir la ansiedad. El kava y la valeriana son probablemente las más conocidas y usadas en la actualidad. Otras plantas conocidas por sus efectos relajantes son la pasionaria, la calvaria, el lúpulo, el gotu kola y la manzanilla. El hipérico tiene un efecto reductor de la ansiedad en algunas personas, pero suele usarse más como un antidepresivo suave. Todas estas plantas relajantes pueden tomarse solas o combinadas con otras. La mayoría de las tiendas de productos naturales y muchas farmacias ofrecen estas plantas en tres formas:

— en su forma natural, se hierve para preparar una infusión
— en cápsulas y
— en extractos fluidos, la planta se ha destilado y conservado en alcohol o glicerina, normalmente se presenta en un frasquito con cuentagotas.

Si lo deseas puedes experimentar con las tres formas para ver cuál prefieres.

Kava

El kava (o kava kava) es un tranquilizante natural que en los últimos años se ha vuelto muy popular en Estados Unidos. Muchas personas opinan que es igual de potente que los tranquilizantes como el Xanax. Los polinesios ya hace siglos que lo utilizan en los rituales ceremoniales y como un relajante en las reuniones sociales. En pequeñas dosis produce una sensación de bienestar, en cambio, en grandes dosis provoca letargo, somnolencia y reduce la tensión muscular. En Alemania y Suiza el kava se ha reconocido como un remedio para tratar el insomnio y la ansiedad. Investigaciones llevadas a cabo en estos países han demostrado que el kava es eficaz para combatir la ansiedad, las preocupaciones y el insomnio (Cass y McNally, 1998). Las limitadas investigaciones realizadas sobre esta planta parecen demostrar que el kava modera la actividad del sistema límbico, sobre todo la de la *amígdala,* un centro cerebral que se relaciona estrechamente con la ansiedad. El kava al parecer potencia los efectos de los neurotransmisores del GABA en la amígdala y en otras estructuras del cerebro como el *hipocampo* y el *bulbo raquídeo.* Todavía no se conocen con todo detalle los efectos neurofisiológicos del kava.

La principal ventaja que tiene el kava sobre tranquilizantes como el Xanax o el Klonopin (clonazepam) es que no es adictivo. Además no produce el efecto de algunos tranquilizantes que en ocasiones reducen la memoria o empeoran una depresión. En realidad, hay pruebas que demuestran que mejora la concentración. El kava no suele producir efectos secundarios, aunque se sabe que después de tomarlo en grandes dosis a veces ha provocado dolores de cabeza o una sensación de «gran cansancio». Las investigaciones realizadas hasta la fecha, la mayoría de ellas en Europa, indican que es un tratamiento eficaz para una ansiedad ligera o moderada (no para los ataques de pánico), el insomnio, las cefaleas, la tensión muscular y los espasmos gastrointestinales, e incluso para aliviar las infecciones del tracto urinario (Cass y McNally, 1998).

Al comprar kava es preferible obtener un extracto que especifique el porcentaje de *kavalactones* que contiene, el principio activo de la planta. El porcentaje de kavalactones varía de un 30 a un 70 por ciento. Si se multiplica la cantidad total de miligramos de kava que hay en cada cápsula o pastilla, por el porcentaje de kavalactones, se puede saber el grado de intensidad de la dosis. Por ejemplo, una cápsula de 200 mg con un 70 por ciento de kavalactones, equivale a una dosis de 140 mg.

La mayoría de los suplementos de kava de las tiendas naturales contienen de 50 a 70 mg de kavalactones por cápsula. Si tomas tres o cuatro dosis de esta intensidad al día —un total de 280 mg de kavalactones repartidos en tres o cuatro dosis— puede ser un eficaz tranquilizante. Y si tomas la misma cantidad de kava de golpe, actuará como un sedante y te ayudará a dormir por la noche.

Como hasta la fecha apenas existe información sobre los efectos del consumo diario de kava a largo plazo, es aconsejable no hacerlo durante más de seis meses seguidos. Sin embargo, si tomas kava sólo de vez en cuando, puedes utilizarlo indefinidamente. Si tienes más de sesenta y cinco años, empieza tomando dosis bajas de kava y ve aumentándolas poco a poco. En general, no es una buena idea combinar el kava con tranquilizantes como el Xanax o el Klonopin. Aunque esta combinación no sea peligrosa, puede producir sopor e incluso desorientación. Sobre todo no consumas kava si estás tomando unas dosis moderadas o altas de Xanax o Klonopin (más de 1,5 mg al día). Tampoco ha de consumirse durante el embarazo ni en la lactancia. Úsalo con precaución antes de conducir o de manejar maquinaria peligrosa.

Advertencia importante: En 2002 se informó de que varios países europeos relacionaban el kava con una severa lesión en el hígado. A raíz de ello esta planta se prohibió en Alemania, Italia e Inglaterra mientras era objeto de investigación. Fuera de Europa apenas ha habido problemas con el kava. En el Sur del Pacífico se ha estado utilizando durante siglos sin que se le conozca ningún efecto perjudicial. En Estados Unidos no se ha retirado de la venta, pero está siendo investigado por la FDA.

Las investigaciones recientes apuntan a una posible causa del problema que ha habido con el kava en Europa. Normalmente el kava se prepara sólo con la raíz de la planta y no con las hojas ni los tallos. En un artículo publicado en la revista *Phytochemistry,* los investigadores Klaus Dragull, Wesley Y. Yoshida y Chung-shih Tang (2003) decían que habían encontrado un alcaloide llamado *pipermetistina* en la piel del tallo y en las hojas de kava. La *pipermetistina* no se encuentra en la raíz de la planta. Varios tests han indicado que esta sustancia produce un fuerte efecto negativo en los cultivos de células hepáticas. También están apareciendo pruebas de que algunos fabricantes de kava en Europa al elaborar sus productos utilizaban tanto la raíz como las hojas y los tallos de la planta, sobre todo para ahorrar dinero y satisfacer la gran demanda de kava que había en los últimos años. Si esta prueba se confirma y otras investigaciones demuestran que la pipermetistina es definitivamente tóxica para el hígado, existiría una explicación razonable de por qué algunas marcas europeas de kava se asociaban con problemas hepáticos. La mayoría del kava que se vende en distintas formas en Estados Unidos procede sólo de la raíz de la planta. Como al publicar este libro aún no se ha demostrado por completo que el kava no es tóxico para el hígado, aconsejo al lector que sea precavido al consumir unas dosis más altas que las recomendadas o al tomar la planta durante más de seis meses seguidos. Si tienes un historial de problemas hepáticos o si estás tomando medicamentos que tienen efectos adversos sobre el hígado, no consumas kava. Para recibir más información sobre el kava, véase *Kava: Nature's Answer to Stress, Anxiety and Insomnia,* de Hyla Cass y Terrence McNally.

Valeriana

La valeriana es un tranquilizante y un sedante herbal ampliamente utilizado en Europa. En los últimos años ha ganado popularidad en Estados Unidos. Las investigaciones clínicas llevadas a cabo principalmente en Europa, han descubierto que esta planta es tan eficaz como los tranquilizantes para aliviar la ansiedad ligera y moderada, y el insomnio (Davidson y Connor, 2000). Además produce menos efectos secundarios que los tranquilizantes y no es adictiva.

La valeriana no suele disminuir la memoria ni la concentración, ni causar sopor o somnolencia como los tranquilizantes. En general, si se toma para conciliar el sueño, al día siguiente no produce resaca, aunque un pequeño número de personas haya dicho que les producía ese efecto. La valeriana es recomendable para una ansiedad ligera y moderada, pero es menos eficaz para los casos más severos.

La valeriana, que procede de la planta *Valeriana officinalis,* tiene numerosos componentes químicos, incluyendo aceites esenciales, iridoides y alcaloides. Como ninguno de estos componentes es el responsable de las propiedades sedantes de la valeriana, lo más probable es que todos ellos actúen sinergéticamente. Así que es muy difícil que uno de sus componentes pueda aislarse y fabricarse sintéticamente.

La valeriana es famosa por favorecer el sueño. Numerosos estudios han demostrado que reduce el tiempo que uno tarda en dormir y que mejora la calidad del sueño. Si tomas valeriana para dormir y no te funciona, no te rindas. Algunos estudios indican que si se consume con regularidad, puede tardar de dos a tres semanas en producir todos sus beneficios, tanto si se toma para combatir el insomnio como la ansiedad.

Puedes encontrar valeriana en cualquier tienda de productos naturales en tres formas: en cápsulas, en extracto fluido o en infusión. Al tratar la ansiedad o el insomnio con valeriana, prueba cuál de estas tres formas te va mejor y sigue las instrucciones que aparecen en el frasco o en la caja. Las cápsulas son las más convenientes, pero hay quienes aseguran que el extracto y la infusión de valeriana son muy eficaces. La valeriana también se suele encontrar combinada con otras plantas relajantes como la pasionaria, la calvaria, el lúpulo o la manzanilla. Tal vez estas combinaciones te parezcan más agradables o eficaces.

La dosis eficaz de valeriana es de 200 a 400 mg para aliviar la ansiedad durante el día y de 400 a 800 mg para poder dormir por la noche. Si la usas para conciliar el sueño es mejor que la tomes una hora antes de acostarte. Y durante el día, para tratar una ansiedad ligera o moderada, se recomiendan dos o tres dosis de 200 a 400 mg.

Asegúrate de que la valeriana que adquieres sea lo suficientemente fuerte. En general, en los frascos se indica que contiene al menos un 0,5 por ciento de *ácido valerénico* para mostrar que tiene un razonable grado de intensidad. Observa también si en él se indica la fecha de caducidad, ya que los productos con el paso del tiempo tienden a perder fuerza. Si el producto contiene otras plantas o ingredientes aparte de valeriana, ha de incluir una lista completa de los productos de los que se compone y la dosis recomendada. No adquieras los productos que no indican todos sus ingredientes.

En general, evita tomar valeriana de día durante más de seis meses seguidos, ya que consumir durante mucho tiempo altas dosis de valeriana se ha asociado con efectos secundarios como dolores de cabeza, excitabilidad, nerviosismo, agitación y palpitaciones. En cambio, si la usas sólo dos o tres veces a la semana, puedes consumirla todo el tiempo que quieras. La valeriana no ha de tomarse junto con tranquilizantes a base de benzodiacepina como el Xanax, el Ativan (lorazepam) y el Klonopin o con sedantes como el Restoril (temazepam), el Ambien (zolpidem) y el Sonata (zaleplon). Pero puede combinarse con otras plantas, como el kava, el hipérico y, sobre todo, con el lúpulo o la pasionaria.

La larga experiencia en Europa indica que la valeriana es una planta muy segura. Sin embargo, se sabe que en algunas ocasiones ha producido reacciones paradójicas de creciente ansiedad, nerviosismo o palpitaciones, posiblemente debido a alguna alergia. Si te produce estas reacciones, deja de tomar valeriana o cualquier otra planta que te las cause.

Pasionaria

La pasionaria es un tranquilizante natural y son muchos los que opinan que es tan eficaz como la valeriana. En unas dosis más elevadas se utiliza para tratar el insomnio, ya que elimina la tensión nerviosa y relaja los músculos. Se adquiere en las tiendas de productos naturales en forma de cápsulas o de extracto fluido. A veces se vende combinada con valeriana o con otras plantas relajantes. Y otras en un extracto que contiene de un 3 a un 4 por ciento de *isovitexin* (flavonoides). En general, para conciliar el sueño se recomienda tomar una hora antes de acostarse de 200 a 600 mg de pasionaria. Y para aliviar una ligera ansiedad, dos o tres dosis de 200 mg a lo largo del día. Con esta planta has de tener las mismas precauciones que las aplicadas a la valeriana. Intenta en general no sobrepasar las dosis recomendadas en el frasco.

Lúpulo

El lúpulo se conoce por ser uno de los componentes de la cerveza. Sin embargo, lo más probable es que los relajantes efectos de esta bebida tengan más que ver con el alcohol que contiene que con la pequeña cantidad de lúpulo que lleva. En Europa esta planta se ha estado usando ampliamente con los mismos fines que la valeriana y la pasionaria, es decir, para tratar la ansiedad, el nerviosismo y el insomnio. El lúpulo se puede consumir solo, pero suele combinarse con estas otras plantas, sobre todo con la valeriana. El efecto relajante del lúpulo se debe principalmente a un componente químico: el *dimetilvinil carbinol*. Si tomas lúpulo, asegúrate de que sea fresco. Cuando se expone a la luz o al aire se altera y al cabo de varios meses de conservarlo pierde fuerza.

Gotu kola

El gotu kola se utiliza en India desde hace miles de años. Tiene un ligero efecto relajante y ayuda a revitalizar un sistema nervioso debilitado. También se ha descubierto que mejora la circulación y la memoria, y estimula la recuperación después de un parto. La encontrarás en la mayoría de las tiendas de productos naturales en forma de cápsulas o de extracto.

Hipérico

El uso del hipérico tiene una larga historia. Hipócrates ya lo recetaba para aliviar la ansiedad hace más de dos mil años. En la actualidad se emplea en Europa y en Estados Unidos para tratar los estados de depresión y de ansiedad ligeros y moderados.

Aunque se utilice sobre todo para la depresión, uno de sus efectos secundarios es el de reducir una ansiedad ligera o moderada. Sin embargo, probablemente no sea eficaz para aliviar los ataques de pánico, el trastorno obsesivo-compulsivo o los síntomas del estrés postraumático. Los estudios europeos han descubierto que tiene unas propiedades antiansiedad parecidas a las de los tranquilizantes, aunque este hallazgo todavía no se ha confirmado en Estados Unidos. Las investigaciones han demostrado que el hipérico aumenta el nivel de los tres neurotransmisores implicados en los trastornos de ansiedad: la serotonina, la norepinefrina y la dopamina (Bloomfield, Nordfors y McWilliams, 1996).

El hipérico se adquiere en las tiendas de productos naturales y en la mayoría de las farmacias. Asegúrate de comprar marcas que contengan un 0,3 de *hipericina,* el principio activo de la planta. La dosis normal es tres cápsulas de 300 mg al día. Hay quien empieza tomando dos cápsulas al día y más tarde aumenta la dosis a tres cápsulas diarias. Si el hipérico se toma con las comidas, limita cualquier problema estomacal que pueda causar. A no ser que te lo indique el médico, no has de tomar más de 900 mg al día. Recuerda que esta planta tarda de cuatro a seis semanas en producir sus efectos terapéuticos.

El hipérico por lo visto tiene una historia muy segura. Pero a algunas personas puede causarles *fotosensibilidad,* una intensa reacción cutánea a la luz solar. Por esta razón, tal vez desees exponerte menos al sol y usar, cuando lo tomes, una protección solar de FPS 30 o una más elevada. Otros efectos secundarios que puede producir son trastornos estomacales, mareo, sequedad de boca o reacciones alérgicas. También se está investigando la posibilidad de que debilite los efectos de la píldora anticonceptiva. Hasta el momento, parece que los efectos secundarios relacionados con el hipérico son menores que los que causan los medicamentos ISRS, como el Prozac, Zoloft, Paxil o el Celexa (citalopram). A no ser que te lo indique el médico, no tomes hipérico junto con medicamentos ISRS. Si estás tomado un antidepresivo inhibidor de la MAO, como el Nardil (fenelcina) o el Parnate (tranilcipromina) no consumas tampoco hipérico. Para más información sobre el hipérico, véase *Hypericum contra la depresión,* de Harold Bloomfield, Mikael Nordfors y Peter McWilliams.

La SAM-e

La *S-adenosilmetionina* (SAM-e, en forma abreviada, se pronuncia «Sammy») se produce de manera natural en el cuerpo. Aunque en Europa haga ya una década que es muy popular, salió al mercado por primera vez en Estados Unidos en 1999 y se sabe que produce un importante efecto antidepresivo. La SAM-e por lo visto actúa aumentando la actividad de la serotonina y la dopamina en el cerebro. Aunque el cuerpo de las personas sanas fabrique suficiente SAM-e, las investigaciones han descubierto que las personas clínicamente deprimidas suelen tener una deficiencia de SAM-e (Brown, 1999). En la actualidad la información sobre la utilidad de la SAM-e para tratar la ansiedad aún es limitada, pero hay quien especula que si la SAM-e funciona como los ISRS, podría producir un efecto antiansiedad.

Al parecer la SAM-e tiene pocos efectos secundarios, quizá porque se fabrica en el cuerpo. Algunas personas dicen que les ha producido una sensación de mareo o náuseas que desaparece al cabo de varios días de tomarla. Los efectos de la SAM-e no son tan lentos como los del hipérico y muchas personas al utilizarlo como un antidepresivo afirman haber experimentado sus beneficios durante los primeros días de tomarla.

La SAM-e además de aliviar la depresión, es útil en el tratamiento de la osteoartritis y la fibromialgia. Al parecer reestablece la función de las articulaciones y las mantiene sanas al contribuir a la regeneración del cartílago. También tiene fuertes propiedades antioxidantes. El cuerpo la utiliza para ayudar a sintetizar el *gluta-*

tione, un importante antioxidante implicado en proteger las células de los perjudiales radicales libres. Se cree que la SAM-e ayuda a limpiar el cuerpo de sustancias como el alcohol, las drogas y la contaminación ambiental.

La SAM-e se adquiere en la mayoría de las tiendas de productos naturales y en farmacias en forma de comprimidos de 200 mg. Los comprimidos con recubrimiento gastrorresistente son más aconsejables porque crean menos problemas estomacales. La dosis normal para la depresión es de 800 a 1.200 mg al día, se ha de tomar durante el desayuno y el almuerzo. Como puede provocar unas ligeras náuseas y problemas gastrointestinales, hay quien prefiere empezar tomando 200 mg dos veces al día y, al cabo de cinco días, aumentar la dosis a 400 mg dos veces al día. Hay que tener en cuenta que la SAM-e puede agravar los estados maníacos del trastorno bipolar (una psicosis maniacodepresiva) y que las personas aquejadas de esta dolencia no deben tomarlo a no ser que el médico se lo recete.

Vitaminas

Las vitaminas desempeñan un papel esencial al regular las miles de reacciones metabólicas que están ocurriendo a cada momento en el cuerpo. Aunque la mayoría de los médicos, nutricionistas y profesionales de la salud recomienden tomar complementos nutricionales, hay algunos desacuerdos sobre cuáles son las dosis adecuadas.

Los suplementos son útiles por varias razones. En primer lugar, la mayoría de las personas siguen una dieta llena de productos procesados que son deficientes en vitaminas. Además, incluso las que comen cereales integrales, frutas y verduras, no obtienen la suficiente cantidad de minerales, ya que en la mayor parte de lugares la tierra al haberse cultivado durante tantas décadas, ha perdido muchos minerales. Además las condiciones que nos impone la sociedad moderna pueden disminuir las reservas de vitaminas de nuestro cuerpo. El estrés, por ejemplo, puede reducir las vitaminas del grupo B, la vitamina C, el calcio y el magnesio. El tabaco y las bebidas alcohólicas consumen ciertas vitaminas del complejo B. Y vivir en una zona contaminada aumenta la necesidad de recibir vitaminas antioxidantes como la vitamina C, la vitamina E y el selenio.

Hace cincuenta años el Departamento de Alimentación y Nutrición de Estados Unidos estableció la dosis diaria recomendada (DDR) de vitaminas que necesitaban las personas sanas. Sin embargo, los defensores de los suplementos nutricionales afirman que estas dosis recomendadas constituyen la cantidad mínima de vitaminas necesarias para prevenir enfermedades carenciales como el escorbuto y que la cantidad óptima suele ser mucho mayor. Algunos nutricionistas llaman a estas dosis óptimas, las *dosis óptimas diarias* (DOD).

En general, las vitaminas han de tomarse con las comidas, porque los ácidos y las enzimas del estómago producidos al digerir la comida son necesarios para ayudar a disolverlas y asimilarlas. Las vitaminas en forma de cápsulas suelen ser más fáciles de digerir que los comprimidos. Muchos profesionales de la salud recomiendan tomar las vitaminas junto con las enzimas digestivas para absorberlas y asimilarlas mejor, sobre todo si tomas una buena cantidad de vitaminas en una o más comidas.

Vitaminas del grupo B

Es de sobras conocido que el estrés reduce las vitaminas del grupo B. En las épocas difíciles, cuando te sientes cansado emocional y psicológicamente, puedes tener un déficit de estas vitaminas. Muchas personas descubren que si toman una dosis diaria de un complejo de la vitamina B de alta potencia, afrontan mejor el estrés y tienen más energía. En total hay once vitaminas B. La carencia de B_1, B_2, B_6 y B_{12} puede contribuir a la ansiedad, la irritabilidad, el nerviosismo y el cansancio. La vitamina B_5 (ácido pantoténico) refuerza la actividad de las glándulas adrenales, cuyo adecuado funcionamiento ayuda a disipar el estrés. Como las vitaminas B actúan sinergéticamente, lo más recomendable es tomar a diario un suplemento del complejo B (que contiene las once clases de vitaminas B). La posología normal del complejo B es de 50 a 100 mg de las once vitaminas B al día. A algunas personas cuando se sienten estresadas les va bien tomar esta dosis dos veces al día, y cuando están pasando por una época de gran estrés llegan a tomar hasta 1.000 mg al día de forma esporádica. Si la tomas durante mucho tiempo, la dosis de vitamina B_6 no ha de exceder los 100 mg al día.

INOSITOL

El inositol es una vitamina B que desempeña un importante papel en regular el neurotransmisor de la serotonina en las neuronas. En 1997 en un experimento controlado de doble ciego llevado a cabo por investigadores israelíes, se descubrió que unas altas dosis de inositol (18 g al día) eran tan eficientes para tratar el trastorno obsesivo-compulsivo como los fármacos ISRS como el Prozac y el Luvox (Larson, 1999).

El inositol también se ha usado para tratar el trastorno de pánico y otros trastornos de ansiedad con buenos resultados. Si deseas probar el inositol, adquiérelo en polvo (lo encontrarás en las tiendas de productos naturales o en internet) y toma con las comidas de 4 a 8 gramos (una cucharadita) tres veces al día. Ten en cuenta que el inositol es hidrosoluble y seguro, incluso en altas dosis.

Vitamina C

La vitamina C, al igual que las del grupo B, puede llegar a agotarse en épocas de estrés. Se cree que la vitamina C refuerza el sistema inmunológico y favorece la curación de infecciones, lesiones y algunas enfermedades. También apoya la actividad de las glándulas adrenales. Si estás afrontando problemas de ansiedad, la dosis normal de vitamina C que debes tomar es de 1.000 mg dos o tres veces al día de forma esporádica. Algunas personas doblan esta dosis cuando están pasando por una época de mucho estrés. Ten en cuenta que en algunos casos la repetida ingesta de una excesiva dosis diaria de 8.000 mg de vitamina C se ha relacionado con problemas estomacales e incluso con piedras en el riñón. La vitamina C es más beneficiosa si se combina con bioflavonoides.

Calcio

El calcio tiene un efecto sedante sobre el sistema nervioso. Junto con los neurotransmisores, participa en el proceso de transmitir los impulsos nerviosos a lo largo de las sinapsis entre las neuronas. La falta de calcio puede estimular una sobreactividad de las neuronas, lo cual es a veces una de las causas fisiológicas de la ansiedad. Se recomienda tomar al menos 1.000 mg de calcio al día. Puedes ingerirlo en forma de alimentos ricos en calcio como los lácteos, los huevos y las verduras con hojas; de suplemento (en forma quelada como los citratos o los aspartatos es más indicado que el carbonato de calcio), o una combinación de ambos. Los suplementos de calcio han de combinarse con magnesio porque estos dos minerales se equilibran entre sí y actúan conjuntamente. La proporción entre el calcio y el magnesio ha de ser de dos-uno o de uno-uno. El calcio-magnesio en forma líquida también se encuentra en las tiendas de productos naturales y suele producir un efecto relajante inmediato.

El magnesio, si se toma solo en una dosis de 500 mg, también ayuda a conciliar el sueño. Otra buena idea para aportar magnesio al cuerpo es sumergirte en una bañera con agua caliente después de haber echado en ella dos tazas de sal de Epsom (sulfato de magnesia).

Descubre las carencias con un análisis capilar

Si sospechas que te falta calcio o cualquier otro mineral, consulta al médico para que te hagan un análisis capilar. Los déficits de una variedad de minerales se detectan con un análisis capilar y estas carencias pueden sugerir otros trastornos. Por ejemplo, una falta de cromo puede indicar un problema en el metabolismo de los hidratos de carbono o una hipoglucemia. Una falta de cobalto sugiere un nivel inadecuado de vitamina B_{12}. El análisis capilar también puede revelar un exceso de metales pesados como el aluminio, el plomo o el mercurio. Los altos niveles de mercurio se han asociado con trastornos de ansiedad.

Aminoácidos

Los aminoácidos son los componentes naturales de las proteínas. En los últimos años se han estado utilizando cada vez más como un tratamiento complementario para los trastornos de ansiedad y la depresión.

Ácido gammaaminobutírico

El *ácido gammaaminobutírico* (GABA) es un transmisor que reduce la excesiva neurotransmisión en el cerebro. Cuando se toma como un complemento, produce un ligero efecto tranquilizante, ya que sólo una pequeña parte llega al cerebro. Actúa limitando la excesiva actividad en las zonas del cerebro asociadas con la ansiedad. Cuando el GABA se une a la superficie de ciertos sitios receptores neuronales, las neuronas se vuelven menos activas, con lo que la ansiedad tiende a disminuir. Cuando el GABA se toma combinado con vitaminas B como el inositol, la nicotinamida y la vitamina B_6, su capacidad de unirse a los sitios receptores aumenta. Normalmente el GABA se toma en dosis de 200 a 750 mg una o dos veces al día. No sobrepases la dosis de 1.500 mg en un periodo de veinticuatro horas a no ser que el médico te dé su consentimiento. Es recomendable tomar GABA con el estómago vacío o con un téntempié a base de hidratos de carbono, como una tostada o galletas saladas, ya que así sus efectos sedantes aumentan. No tomes GABA con proteínas, porque éstas tienden a competir con la absorción del GABA.

El GABA, combinado con los aminoácidos de la taurina y la glicina, se ha empleado para ayudar a algunas personas a superar su dependencia de tranquilizantes a base de benzodiacepina como el Xanax, el Activan y el Klonopin.

Teanina

La *teanina* es un aminoácido especial que casi sólo se encuentra en el té verde. Favorece la relajación mental y física sin producir somnolencia. La teanina no sólo tiene un efecto relajante, sino que también potencia la capacidad de aprendizaje, aumenta la agudeza mental y reduce los síntomas del SPM. Hasta la fecha las pruebas indican que la teanina aumenta la producción de GABA. La dosis recomendada es de 100 a 200 mg, de una a tres veces al día. No sobrepases los 600 mg diarios. La teanina funciona mejor como un relajante natural durante el día que como un sedante por la noche.

DL-fenilalanina y la tirosina

La *DL-fenilalanina* o la *tirosina* se pueden utilizar para reducir los síntomas de la depresión. Estos aminoácidos son sobre todo beneficiosos para combatir el estado de poca energía y la apatía asociados a la depresión. Los menciono porque muchas personas con ansiedad también sufren de depresión. Tanto la DL-fenilalanina como la tirosina aumentan la cantidad de norepinefrina en el cerebro. Un déficit de norepinefrina se ha asociado con la depresión.

La DL-fenilalanina y la tirosina no deben tomarse durante el embarazo, si sufres PKU (una enfermedad llamada fenilcetonuria que requiere una dieta sin DL-fenilalanina), hipertiroidismo, o si estás tomando un fármaco inhibidor de la MAO, como el Nardil o el Parnate. Las personas hipertensas tampoco deben tomar DL-fenilalanina ni tirosina, a no ser que el médico se lo indique. En general, es mejor ingerirla con el estómago vacío, media hora o dos horas antes de las comidas. La dosis normal es al principio de 500 mg, dos veces al día, y al cabo de tres o cuatro días se aumenta la dosis a 1.000 mg al día, dos veces por día. Después de una semana, si no te produce ningún efecto, has de elevar la dosis a 3.000 mg al día. No sobrepases la dosis diaria de 3.000 mg a no ser que te lo indique el médico. Si no te produce ninguna reacción adversa, intenta tomar DL-fenilalanina o tirosina durante dos semanas. Y si no te produce ningún efecto, sigue tomándola una semana más.

Si tienes una profunda depresión o pensamientos suicidas, no dependas sólo de estos aminoácidos para tratar tu trastorno. Ve a ver a un psiquiatra experto en el trastorno de la depresión.

Triptófano

El triptófano es un aminoácido precursor de la serotonina, un neurotransmisor. La serotonina participa en la regulación de muchas funciones del cuerpo, incluyendo el estado de ánimo, el sueño, el apetito y el umbral del dolor. Produce una sensación de tranquilidad y bienestar, y el déficit de serotonina se ha asociado con la ansiedad.

El triptófano es un potente antidepresivo. Una serie de estudios han descubierto que el triptófano es tan eficiente como cualquier antidepresivo y sedante recetado para aliviar la depresión, el insomnio y la ansiedad generalizada, así como la ira y la irritabilidad.

El triptófano puede adquirirse en dos formas: 5-hidroxitriptófano (5-HTP) y L-triptófano. En la mayoría de las tiendas naturales encontrarás 5-HTP. La posología recomendada es de 50 a 100 mg, de dos a tres veces al día (o para combatir el insomnio, en una única dosis combinada a la hora de acostarte), con la comida o sin ella. El L-triptófano se utilizó extensamente en los años ochenta y después la FDA lo retiró del mercado en 1989. Una impureza en el proceso de fabricación de una sola compañía causó una extraña dolencia sanguínea que produjo una grave enfermedad a varios miles de personas. Hacia la mitad de los años noventa, el L-triptófano volvió a introducirse en el mercado estadounidense después de elaborarse siguiendo un riguroso proceso de fabricación y de venderse sólo con receta médica. En los últimos años se ha vuelto a vender sin receta y se puede adquirir en algunas tiendas naturales y en internet. Muchas personas (incluyendo el veterano autor) opinan que el L-triptófano es más sedante que el 5-HTP y prefieren el primero para combatir el insomnio. La dosis recomendada es de 1.000 a 2.000 mg a la hora de acostarte, debe tomarse con un snack a base de hidratos de carbono o con un zumo de frutas. Al ingerir el 5-HTP o el L-triptófano, es más eficiente si los tomas con vitamina B_3 (nicotinamida, de 100 a 500 mg) y vitamina B_6 (100 mg). Si estás tomando un antidepresivo ISRS, un medicamento tricíclico, o un fármaco inhibidor de la MAO, no consumas ninguna de estas formas de triptófano a no ser que el médico te lo indique.

Para más información sobre el uso de aminoácidos para tratar la ansiedad y la depresión, véanse los libros de Ross, Larson o Slages en el capítulo de «Lecturas recomendadas y recursos» al final de la obra.

Ácidos grasos omega-3

Los ácidos grasos omega-3, sobre todo el DHA y el EPA, son importantes para el cerebro y la salud neurológica. Sin unos niveles suficientes de ácidos grasos omega-3, las membranas de las células nerviosas son menos fluidas y pueden hacer que las neuronas reaccionen con lentitud y haya un fallo en los impulsos nerviosos de las mismas. Estudios recientes han descubierto que los suplementos de omega-3 reducen los síntomas de depresión. La mejor fuente de ácidos grasos omega-3 es el pescado salvaje (sobre todo el salmón y las sardinas), la carne y la carne de ave. Para aliviar la depresión y la inestabilidad emocional también se puede tomar aceite de pescado en forma líquida (dos cucharadas al día) o en cápsulas (dos o tres al día, o una dosis combinada de 1.000 a 2.000 mg al día). El aceite de pescado ha de conservarse en el congelador o en la nevera para protegerlo de la perjudicial oxidación. Tomar 400 UI al día de vitamina E (en forma de tocoferoles mixtos) también tiene efectos antioxidantes.

Suplementos hormonales

En el mercado también se pueden conseguir una variedad de hormonas en forma de suplementos para corregir las supuestas carencias. Probablemente hayas visto muchas de ellas en la farmacia o en la tienda de productos naturales de tu barrio. Algunas hormonas favorecen la relajación y ayudan a conciliar el sueño. Las dos más comunes se describen a continuación.

Melatonina

La melatonina es una hormona que la glándula pineal secreta por la noche para indicarle al cerebro que ha llegado la hora de dormir. Los suplementos de melatonina ayudan a dormir y a regular los ciclos del sueño. Se toman en dosis de 0,5 a 3 mg. Aunque a muchas personas les vaya bien, otras en cambio dicen que no les ha producido ningún efecto y que además por la mañana se han sentido atontadas. Si la dosis de 2 a 3 mg no te produce ningún beneficio ni efecto secundario, intenta bajarla a 0,5 mg.

DHEA

La *dehidroepiandrosterona* (DHEA) es una hormona secretada por la corteza de las glándulas suprarrenales que actúa como precursora de la síntesis de otras hormonas del cuerpo tales como el estrógeno y la testosterona, unas hormonas sexuales. La capacidad de fabricarla va disminuyendo con la edad. Muchas personas dicen que después de haber tomado DHEA durante varias semanas se sienten con más energía, con más fuerza para afrontar el estrés, más animadas y satisfechas, y que duermen mejor. La dosis normal es de 10 a 15 mg por día. No sobrepases esta dosis, ya que algunos médicos creen que una dosis demasiado elevada puede inhibir la capacidad natural del cuerpo de fabricar DHEA. La DHEA también es problemática para algunas mujeres porque a veces la transforman en testosterona. Por esta razón, las mujeres han de tomar unas dosis bajas de DHEA (10 mg) o una forma sintética que permanezca en el cuerpo como DHEA.

La meditación: un viaje hacia la paz interior

Imagina por un momento que estás escribiendo una carta a alguien que nunca has visto y que te gustaría darle una clara idea de cómo eres. Probablemente le escribirías cosas como: *Me gusta viajar e ir al teatro, no me gustan los deportes, me encanta el verano, pero odio el invierno, paso mucho tiempo cocinando y sueño con ser el dueño de un restaurante algún día.* Es decir, te definirías por medio de lo que te gusta y te desagrada, de lo que deseas y lo que haces.

Descubriendo tu yo profundo bajo tu identidad

La meditación es paradójica porque constituye el proceso de distanciarte de los apegos emocionales y psicológicos de los que se compone tu identidad para poder conectar con un yo más profundo y esencial, un yo que no es fácil de explicar con palabras. Cuando meditas, serenas y aquietas la mente lo suficiente como para volver a conectar con tu yo íntimo más profundo. Este estado te permite abandonar los juicios de valores y obtener una mejor perspectiva sobre los pensamientos, las emociones y los deseos que pasan constantemente por la mente y el cuerpo.

La compasión: el regalo de la meditación

Uno de los muchos beneficios de la meditación es que te ayuda a desarrollar una mayor compasión hacia ti y los demás. Como los accesos de ansiedad hacen que te sientas después de tenerlos avergonzado, culpable y frustrado, esta práctica es especialmente valiosa. La meditación te ayuda a ser consciente de tus sentimientos sin dejar que te consuman. Es una herramienta importante no sólo para disminuir los síntomas, sino también para minimizar el efecto que la ansiedad ejerce sobre tu autoestima.

Cultivar una visión más compasiva de tus pensamientos condicionados y de las reacciones emocionales que generan te ayudará a establecer una tregua con ellos. Observarte con compasión es empezar a hacer las paces contigo mismo y ver tus defectos con una mirada más afectuosa.

Si eres un perfeccionista, lo más probable es que te castigues por cada pequeño fallo o error que cometas. Sin embargo, es bueno que tengas en cuenta el tiempo que pasas criticándote, despreciándote o convenciéndote y obligándote a hacer aquello que no deseas. Y cuando no te estás forzando ni criticando, caes en un estado más pasivo de miedo o de victimismo. Este miedo puede generar los pensamientos de «¿Y si?» y crear a su vez más miedo. Cuando te ves como una víctima, surgen pensamientos que favorecen la depresión como: *No sirve para nada, Es inútil* o *No tiene remedio.* Si observas hasta qué punto te criticas, asustas, deprimes o engañas, aprenderás muchas cosas sobre tu propia mente.

Cultivar la compasión observándote te ayuda a mantener una relación más afectuosa contigo. Te permite dejar de juzgarte, criticarte e incluso sentir desdén hacia ti, para ser tolerante, aceptarte y quererte. La compasión depende de que te aceptes a ti mismo tal como eres y al resto del mundo como realmente es. A través de la meditación aprenderás a vivir con tus limitaciones y a aceptar tu condición humana. Para conocer con más profundidad el papel que desempeña la compasión en la meditación, consulta la obra *Camino con corazón,* de Jack Kornfield.

Distánciándote de los pensamientos que te causan ansiedad

La práctica de la meditación se basa, en parte, en la creencia de que nuestros pensamientos automáticos y las reacciones emocionales que nos producen son el origen del sufrimiento humano.

Desde la antigüedad, la meditación se ha utilizado como un medio para trascender el sufrimiento y observar nuestros pensamientos desde una saludable distancia. Es el proceso de distanciarnos de los pensamientos y limitarnos a observarlos sin reaccionar a ellos. ¿Te suena familiar? En el capítulo 4 has aprendido algunas técnicas para reflexionar sobre tus pensamientos y reestructurarlos con el fin de evitar enredarte emocionalmente en ellos. Las técnicas de la terapia cognitiva conductual que has aprendido en el capítulo 4 te han ofrecido una estrategia psicológica para impedir que los síntomas de ansiedad aumenten al dejarte arrastrar por tus pensamientos. Los ejercicios de meditación de este capítulo te ofrecen un método más espiritual para afrontar la ansiedad.

La plena conciencia

La meditación es un camino que conduce a la plena conciencia. La *plena conciencia* se puede definir como un estado de atención puro e incondicionado que cualquier persona puede experimentar. Existe «detrás» o antes de los patrones de pensamientos condicionados y de la reactividad emocional que hemos aprendido a lo largo de la vida. Siempre podemos tener esta plena conciencia, pero la mayoría del tiempo está cubierta por el constante bullicio de la cháchara mental y las reacciones emocionales que están transmitiendo información a nuestra experiencia a cada momento.

Esta prístina conciencia que antecede a nuestros pensamientos y sensaciones sólo vuelve a surgir cuando serenamos y aquietamos la mente, cuando nos permitimos ser en lugar de esforzarnos por alcanzar algo.

Expandir o ampliar la conciencia consiste simplemente en relajarnos y descansar en un grado de atención más profundo. La conciencia se encuentra en un continuo y es posible entrar en él avanzando de un nivel a otro. Según la antigua filosofía oriental, nuestra conciencia interior más profunda es un conducto que nos lleva al poder supremo o a Dios. A un nivel profundo, tu conciencia individual fluye en una inmensa conciencia universal ilimitada, al igual que una gota de agua es inseparable del océano. A medida que amplias o profundizas tu conciencia personal, empiezas a identificarte más con la conciencia infinita. Recuerda que no has de hacer nada para ampliar tu conciencia, es algo que ocurre de manera natural cuando aquietas la mente. Cuando tu conciencia se expande, simplemente sientes una profunda sensación de paz. De esta paz interior pueden surgir otros estados no condicionados tales como el de un amor, sabiduría, clara visión y alegría incondicionales. No necesitas desarrollar este estado de paz, sino que surge por sí solo.

La meditación te permite expandir tu conciencia hasta el punto que se vuelve más espaciosa que tus pensamientos de miedo o tus reacciones emocionales. En cuanto tu conciencia se vuelve más grande que tu miedo, ya no se deja arrastrar por él sino que es capaz de observarlo a una cierta distancia. Simplemente lo contemplas. A medida que vas practicando la meditación y expandiendo tu conciencia, te resulta más fácil observar en la vida cotidiana la corriente de pensamientos y sentimientos de la que tu experiencia se compone sin quedarte «pegado» o atrapado en ellos.

Quizá pienses que observar más tus pensamientos y sentimientos sería un error, que ser consciente de semejante algarabía mental y del cambiante torrente de emociones que fluye en tu interior sólo te llevaría a una mayor división. Pero es importante que recuerdes que se trata de conectar con un yo más profundo, un yo que reside más allá de los pensamientos y sentimientos reactivos que te apartan de él. Cuando logras conectar con él, eres capaz de observar tus pensamientos y sentimientos sin que te arrastren a su órbita. Adquieres una mayor sensación de plenitud y vives tu vida con más libertad, sin dejarte envolver por el miedo, la ira, la culpabilidad, la vergüenza, el pesar y otras emociones conflictivas. Al meditar con regularidad, te resulta más fácil reconocer tus reacciones y dejar que surjan y desaparezcan sin apegarte a ellas. Cuando la mente no cabalga sobre la cresta de cada ola emocional que se forma, adquieres una perspectiva diferente y mucho más sana de tus sentimientos. En pocas palabras, cuanto más espaciosa sea tu conciencia, menos te afectarán tus pensamientos condicionados y tus sentimientos reactivos.

6. Gira lentamente la cabeza hacia el sentido contrario haciendo tres rotaciones completas.

Siéntate bien. Puedes sentarte al estilo oriental o al occidental. Si eliges el primero, siéntate en el suelo con las piernas cruzadas, sobre un cojín o una almohada. Apoya las manos sobre los muslos. Inclínate un poco hacia adelante para que los muslos y las nalgas sostengan el peso del cuerpo. Para sentarte al estilo occidental, siéntate en una cómoda silla de respaldo recto, con los pies planos en el suelo y sin cruzar las piernas, coloca las manos sobre los muslos (con las palmas hacia abajo o hacia arriba, como prefieras). Tanto si adoptas la posición oriental como la occidental, mantén la espalda y el cuello rectos sin forzarlos. No adoptes una postura tensa e inflexible. Si necesitas rascarte o moverte, hazlo. En general, no recuestes la cabeza en nada, ya que esta postura favorecería el sueño.

Reserva de veinte a treinta minutos para meditar. Es justo el tiempo ideal para meditar, pero si eres un principiante empieza haciendo sesiones de diez minutos. Para saber cuándo termina la sesión, puedes servirte de un despertador (déjalo a mano) o poner una cinta de música relajante que dure de veinte a treinta minutos. Si lo deseas también puedes dejar a la vista un reloj de pulsera para ir controlando el tiempo. Después de haber meditado de veinte a treinta minutos al día durante varias semanas, si te apetece puedes hacer sesiones de una hora.

Medita a diario. Aunque sólo medites cinco minutos, es importante que medites cada día. Lo ideal sería hacer dos sesiones de meditación, una al levantarte por la mañana y otra al atardecer o por la noche. Medita al menos una vez al día.

No medites con el estómago lleno. Meditarás mejor si no lo haces con el estómago lleno ni cuando estás cansado. Si no puedes meditar antes de comer y meditas después de las comidas, espera al menos cerca de media hora.

Cómo desarrollar la concentración: elige un objeto y céntrate en él

El último aspecto de una buena técnica es tan importante que merece la pena mencionarlo. Para poder meditar has de aprender a concentrar o centrar la mente. De ese modo, podrás minimizar las inevitables distracciones que surgen en la práctica. Hay una forma de meditación llamada *meditación estructurada* que consiste en concentrar la mente en un determinado objeto. Un objeto de concentración muy habitual en ella es el ciclo de la respiración o un *mantra* (una palabra o una frase que se repite). Otros objetos comunes de concentración son una imagen, la música repetitiva o la llama de una vela. En *Cómo meditar,* de Lawrence LeShan, encontrarás una información más detallada sobre la meditación estructurada.

Los ejercicios de recitar mantras o de contar la respiración son prácticos sobre todo cuando empiezas a meditar porque te ayudan a concentrarte. Sin embargo, muchas personas prefieren seguir practicando esta forma meditación estructurada todo el tiempo.

Otras se decantan en cambio por las formas *no estructuradas* de meditación, en las que el objeto de concentración es simplemente la corriente de pensamientos y sentimientos que fluye por la mente. El proceso de observar la experiencia interior aceptándola y sin juzgarla se llama «ser consciente».

Al margen de la forma de meditación que practiques, en general es conveniente cerrar los ojos para reducir las distracciones exteriores. Sin embargo, hay quien prefiere meditar con los ojos entrecerrados para ver vagamente los objetos exteriores. Esta opción reduce la tendencia a distraerse con los pensamientos, sentimientos y ensoñaciones interiores. Si ves que te distraes con frecuencia, prueba esta opción.

Lo más posible es que no te des cuenta de lo dispersa que está tu mente hasta que te sientes a meditar por primera vez. En India se dice que una mente no entrenada actúa como un mono loco o borracho. Las técnicas de la meditación estructurada son un medio para concentrar esta clase de mente. Más adelante si lo deseas puedes olvidarte de esta forma estructurada y limitarte a observar o presenciar (sin juzgar) todo cuanto surja en tu mente.

8

Los ejercicios conscientes

Prana, ki, chi: ¿reconoces estas palabras? ¿La palabra *chi* te suena en especial? La traducción más fiel de este término chino es «fuerza vital» o «energía vital». El *chi* es un término de la medicina tradicional china y si te suena es porque la medicina china se está practicando cada vez más en Occidente. El *prana* es una palabra sánscrita que procede del léxico de la medicina ayurvédica (la medicina tradicional del este de India). Y la palabra *ki* la utilizan los practicantes de las distintas tradiciones holísticas japonesas. Estas escuelas de medicina tradicional mantienen que la energía vital circula por el cuerpo a través de unos canales llamados *meridianos,* y que una buena salud —física, mental y espiritual— depende de la buena circulación de esta energía por el cuerpo. Estas escuelas consideran que los bloqueos energéticos son la causa de las enfermedades. En realidad, la medicina china y el ayurveda afirman que todas las enfermedades proceden de distintas clases y grados de bloqueos de la circulación de la energía vital.

Los ejercicios como el yoga, el tai chi y el qi gong surgieron de esta creencia y los practicantes de la medicina tradicional oriental los recomiendan para tratar una gran variedad de trastornos y como una medida preventiva para gozar de buena salud. Si los practicas con regularidad te ayudarán a pensar con más serenidad y claridad, y al hacerlo tu ansiedad tenderá a disminuir.

Volviendo a unir el cuerpo y la mente

En el capítulo 1 se recomendaba la respiración abdominal y la relajación muscular progresiva para calmar la ansiedad. Cuando practicas estos métodos, estás haciendo un ejercicio en el que participan tanto el cuerpo como la mente y les estás ayudando a actuar al unísono. ¿Recuerdas que Edmond Jacobson decía que cuando el cuerpo se relaja, la mente también lo hace? Tanto la RMP como los ejercicios de yoga y tai chi actúan en el plano físico y en el mental. Lo cual es importante, porque la ansiedad puede hacer que te sientas alienado del cuerpo e inseguro en él. Aunque no haya ocurrido ningún trauma exterior, el cuerpo reacciona como si así fuera, y al cabo de un tiempo esta reacción puede dejarte agotado físicamente, y este agotamiento afecta a tu estado mental, y tu estado mental afecta a tu estado físico, y así sucesivamente. Cuando practicas un ejercicio consciente para armonizar la mente y el cuerpo, empiezas a relajarte y te sientes más conectado contigo mismo. Y a medida que te sientes más armonizado y completo, también tienes menos miedo.

Uno de los beneficios de los ejercicios conscientes es que tu mente cada vez piensa con más claridad. ¿Cómo puede esto reducir la ansiedad? Rememora el capítulo 4. ¿Recuerdas cómo aprendiste a reaccionar racionalmente a los pensamientos de miedo poco realistas? Cuando tu mente está clara, razonas más los pensamientos, y al hacerlo, las conclusiones son más racionales y menos catastrofistas. Tiendes menos a aferrarte a unas horribles predicciones poco realistas.

Antes de emprender un programa de ejercicios conscientes

Antes de iniciar un nuevo programa de ejercicios, siempre es mejor pedir consejo al médico o a un profesional de la salud. Los ejercicios conscientes descritos en este capítulo suelen ser seguros, sin embargo en algunas circunstancias han de evitarse. Durante el embarazo, por ejemplo, no ha de practicarse qi gong. Como fluidifica la sangre y estimula la circulación, tampoco debe hacerse si se tiene alguna hemorragia interior o si se ha sido objeto de una reciente operación o lesión. Como con cualquier otra cosa, debes recordar que eres una persona única y que las recomendaciones «generales» quizá no se apliquen en tu caso. Por eso siempre es aconsejable consultar con el médico antes de empezar un programa de ejercicios.

El yoga: estirándote hacia la serenidad

En realidad, el yoga no consiste sólo en estirarse, sino que también incluye preceptos éticos, prácticas dietéticas, un régimen de meditación, ejercicios de respiración y concentración, y estiramientos y·posturas que seguramente ya conoces. En este capítulo al hablar de yoga me estoy refiriendo a las posturas yóguicas. Patáñjali, un filósofo del siglo II a. C., fue el primero en formular el yoga, una de las prácticas más milenarias del mundo. La palabra *yoga* significa «yugo» o «unir». Su meta suprema es alcanzar la unidad de la mente, el cuerpo y el espíritu. Se cree que a medida que vas alcanzando esta unidad, la mente y el cuerpo se vuelven más fuertes y gozas de una mayor claridad y serenidad mental.

Son muchas las personas que dicen que una práctica regular de yoga les ayuda a reducir los síntomas de ansiedad. Según una investigación realizada por la Fundación Biomédica de Yoga, el 94 por ciento de 838 pacientes que practicaron yoga como parte de su tratamiento complementario afirmaron que los síntomas que manifestaban habían disminuido (Goldberg, 1993). Unos estudios adicionales han sugerido que una práctica regular de yoga es una eficaz herramienta para combatir la ansiedad.

Por eso el yoga se ha incorporado a algunos programas para disminuir el estrés, tratar la ansiedad y controlar la ira concebidos por los profesionales de la medicina convencional. Además, muchas personas afirman que el yoga aumenta la energía y la vitalidad, y calma la mente. Como mínimo, el yoga es una forma ideal de fortalecer los músculos y aumentar la flexibilidad del cuerpo.

Las posturas

Aparte del trabajo físico que requieren, para realizar las posturas de yoga has de concentrar la mente y adoptar una determinada actitud. Cada postura encarna una actitud, ya sea de entrega, como en algunas flexiones hacia delante, o de fortalecimiento de la voluntad, como en las flexiones hacia atrás. Al llevar a cabo cada postura adoptas la actitud adecuada tanto mental como físicamente. Al insistir en ciertas posturas y movimientos, cultivas unas cualidades positivas o te desprendes de patrones de la personalidad negativos y limitadores. Si estás interesado en aprender yoga, lee algunas de las obras que se indican al final del libro. En muchos gimnasios y centros universitarios se imparten clases de yoga.

Asanas para reducir la ansiedad

La palabra *asana* significa una postura de yoga. Algunos asanas son muy beneficiosos para disminuir la ansiedad. La postura del cadáver, la de la cobra y la del feto, por ejemplo, inspiran tranquilidad y quietud. La postura del cadáver te permite concentrarte en una total relajación. La postura de la cobra potencia la concentración interior y te permite concentrarte y ser menos vulnerable a las distracciones. Como seguramente ya habrás adivinado, la postura del feto consiste en adoptar una posición fetal. Esta postura relaja el cuerpo y dirige la respiración al vientre y a la pelvis, lo cual te ayuda a fortalecer los músculos de estas zonas. Las tres posturas son fáciles de adoptar y al combinarlas con un programa de profunda relajación, como el que se ha descrito en el capítulo 1, calman el sistema nervioso. Al practicar un ejercicio de relajación, intenta permanecer concentrado en tu interior, mantener los ojos cerrados y respirar desde el vientre y no con el pecho. (Ten en cuenta que una sesión de yoga completa no se compone sólo de tres posturas sino de muchas más.)

LA POSTURA DEL CADÁVER

La postura del cadáver no sólo fomenta la relajación, sino que además estimula la circulación, mejora el funcionamiento del sistema nervioso, relaja el sistema musculoesquelético y disipa el cansancio. Sigue los siguientes pasos y practica este ejercicio de cinco a diez minutos.

1. Tiéndete boca arriba y deja los brazos junto al cuerpo a una distancia de 30 a 40 cm, con la palmas de las manos hacia arriba y los pies separados a la distancia de los hombros. Coloca una manta o una toalla doblada debajo de la cabeza y el cuello.

Qi Gong: meditación, respiración y movimiento

El qi gong (se pronuncia «chi-gong») es una práctica que tiene al menos dos mil años de antigüedad. Se compone de meditación, ejercicios respiratorios y movimientos, todo ello ayuda a disminuir la ansiedad. El qi gong, al igual que el tai chi, está concebido para eliminar los bloqueos energéticos que impiden que el chi fluya libremente por el cuerpo. El qi gong alimenta los órganos internos del cuerpo al hacer circular la energía vital, estimula la circulación de la sangre y la linfa, e incluso potencia la transmisión de los impulsos nerviosos. En China el qi gong sigue siendo un elemento básico para mantener la salud, se estima que 200 millones de chinos lo practican a diario. En Estados Unidos el qi gong se incluye en algunos programas de hospitales, en los centros educativos para adultos y en los centros de los barrios.

Los defensores del qi gong afirman que refuerza el sistema inmunológico porque incrementa la circulación del fluido linfático y que al estimular la circulación sanguínea, facilita la eliminación de sustancias tóxicas del cuerpo. El qi gong también baja la presión arterial, dilata los vasos sanguíneos y aumenta la oxigenación de los tejidos. Algunos partidarios del qi gong creen que eleva el estado de ánimo al regular la función de diversas glándulas y el fluido que rodea el cerebro y la columna vertebral. Aunque la eficacia del qi gong aún no se haya evaluado científicamente, la mayoría de la gente coincide en que produce una sensación de relajación. Muchos médicos convencionales admiten que la salud de sus pacientes ha mejorado después de practicar qi gong con regularidad.

Qué puedes esperar al practicar qi gong

Para empezar a practicar qi gong, al igual que ocurre con el tai chi, es mejor asistir a una clase o pedir consejo a un profesor titulado de qi gong. Cuando vayas a una clase, ponte unos zapatos flexibles y ropa holgada. Una hora y media antes de empezar la clase, no comas ni bebas nada (sobre todo alcohol). El profesor empezará enseñándote una sencillas prácticas. Al principio seguramente te aconsejará que repitas cada una de ellas seis veces, aunque más adelante a medida que las vayas aprendiendo, ya no habrás de repetirlas tantas veces. Después posiblemente te pida que, manteniéndote de pie y con las piernas separadas, ejecutes unos determinados movimientos con los brazos y las piernas. Aunque debes intentar seguir las instrucciones y realizar los movimientos lo mejor que puedas, no es necesario que los hagas a la perfección. Si no puedes mantener la respiración ni la postura el tiempo recomendado, manténla el tiempo que te resulte cómodo.

Ejercicio: HACIENDO CIRCULAR LA ENERGÍA VITAL

El objetivo de esta práctica es hacer circular el chi por los meridianos. Repite tres veces el ejercicio, antes de empezar frótate siempre las palmas de las manos.

1. Frótate las palmas de las manos para generar calor. Este gesto ayuda a acumular el chi.

2. Frótate las mejillas, los ojos y la frente con las palmas de las manos, como si te lavaras la cara.

3. Sigue frotándote la coronilla y los lados de la cabeza, la nuca y los hombros, hasta llegar a la altura de la articulación de los mismos.

4. Sigue frotándote debajo de los brazos y los lados de la caja torácica.

5. Al llegar a la parte inferior de la caja torácica, frótate la espalda, las nalgas, la parte posterior y lateral de las piernas y los lados de los pies.

6. Resigue con las manos la parte interior de los pies y las piernas, desliza las manos hasta la parte delantera del torso y sigue frotando hasta llegar al rostro; empieza ahora la segunda ronda.

9

Lleva una vida sencilla

La simplicidad es distinta de la austeridad. Una vida austera está llena de deseos insatisfechos y privaciones, carece de placeres sensuales y comodidades. Tanto si tienes un problema de ansiedad como si no lo tienes, una vida austera es lo último que te recomendaría. Al hablar de una vida sencilla, me estoy refiriendo a una vida llena de actividades y objetivos, así como de objetos materiales, que nutren tu espíritu y al mismo tiempo te ofrecen un medio para manifestar tus valores y tu talento. Me refiero a una vida rica en cosas valiosas que está lo más libre posible de esos compromisos económicos y de otro tipo que agotan tus reservas en lugar de enriquecerlas. Una vida encadenada por semejantes compromisos y objetos materiales superfluos favorece la ansiedad. En cambio, una vida que alimenta tu talento, refleja tus valores y fortalece la paz mental invita a la serenidad.

Un cuento sobre dos cocinas

Las cocinas de Barbara y Paul son idénticas. Las dos disponen de los últimos aparatos que han salido al mercado y de los chismes más modernos para elaborar cualquier cosa, desde un desayuno perfecto hasta unos fantásticos cócteles para una fiesta. En el armario hay una batidora de la mejor calidad, un robot de cocina, un exprimidor eléctrico, una máquina para hacer pan, una waflera y un aparato para hacer helados. Los cajones del armario, aparte de contener los utensilios básicos como cucharas de medir y cuchillos para la carne, están llenos de objetos, como un aparatito para cortar las verduras en forma decorativa y una cuchara especial para los aguacates.

A Paul le apasiona la cocina y la diversión, y pasa más tiempo en ella que en ningún otro lugar de la casa. Es raro que transcurra una estación sin que haya dado una magnífica fiesta en su hogar, y siempre está usando la colección de aparatos eléctricos y de utensilios que tiene en la cocina.

En cambio a Barbara no le gusta cocinar y pocas veces prepara comida para más de dos personas. Sólo compra cosas cuando siente el irreprimible impulso de hacerlo y casi todos los aparatos eléctricos y utensilios que tiene en la cocina los adquirió por capricho y después de usarlos durante una semana o dos, los metió en el armario y ya no volvió a acordarse más de ellos.

La cocina de Barbara está abarrotada de utensilios inútiles, en cambio la de Paul es un espacio para el arte donde él puede entregarse a su pasión y expresar su creatividad. En este sentido, la vida de Paul es sencilla porque tiene aquello que necesita para lo que le encanta hacer, en cambio la vida de Barbara es complicada porque su espacio está lleno de objetos superfluos y gasta sus ahorros en cosas que a la larga no le aportan nada. Aquello que para una persona es innecesario y molesto, puede ser vital para otra. Una vida sencilla depende en esencia de llevar a cabo aquello que te gusta y valoras.

Una idea de lo que significa llevar una vida sencilla

Duane Elgin en su obra *Voluntary Simplicity* señala que los que eligen llevar una vida sencilla suelen:

— invertir su tiempo y liberar su energía haciendo actividades sencillas con su pareja, los hijos y los amigos (por ejemplo, caminando, tocando música juntos, compartiendo una comida o yendo de cámping)

— procuran desarrollar todo el espectro de su potencial: físico (corriendo, yendo en bicicleta, haciendo excursionismo, etc.); emocional (aprendiendo a comunicarse y a compartir sus sentimientos con los seres amados); mental (dedicándose toda la vida a aprender, leyendo y asistiendo a clases); y espiritual

(aprendiendo a vivir con una mente más serena y un corazón más compasivo)

— sienten una íntima conexión con la tierra y un profundo respeto por la naturaleza

— sienten un compasivo interés por los pobres del mundo

— consumen menos en general, comprando, por ejemplo, menos ropa, se fijan más en que sea práctica, duradera y estética, que en las piezas que son de temporada y están de moda.

— cambian sus hábitos de consumo para adquirir productos que sean duraderos, fáciles de reparar, funcionales, estéticos, ecológicos tanto en su fabricación como en su uso y que además ahorren energía.

— reemplazan los alimentos sumamente procesados, la carne y el azúcar, por alimentos más naturales, sanos y sencillos.

— eliminan los objetos superfluos y las complicaciones regalando o vendiendo las cosas que raras veces usan y que pueden ser de utilidad a alguien (ropa, libros, muebles, electrodomésticos, herramientas, etc)

— reciclan el metal, el vidrio y el papel y reducen el consumo de objetos desechables o no reciclables.

— aprenden habilidades que les ayuden a ser más autosuficientes y que reduzcan su dependencia de los profesionales para ser capaces de resolver los problemas más comunes (adquieren nociones básicas de carpintería, fontanería y electricidad)

— prefieren tanto para vivir como para trabajar los entornos más sencillos y humanos que fomentan una sensación de comunidad, un contacto directo con los demás y un interés mutuo.

— recurren a prácticas holísticas para mantener la salud que ha-

cen hincapié en la medicina preventiva y en los poderes curativos del cuerpo cuando la mente le ayuda

— cambian su medio de transporte a favor de los transportes pú-
blicos, de compartir el coche, adquirir un automóvil más pequeño que consuma menos gasolina, vivir más cerca del trabajo, ir en bicicleta y caminar

Algunas formas de simplificar la vida

A continuación encontrarás varias sugerencias para simplificar
tu vida. Algunas de ellas son unos cambios que puedes hacer ense-
guida, mientras que otras requieren más tiempo y esfuerzo. Recuerda que el objetivo de una vida sencilla es liberarte de los compromisos que te roban el tiempo, la energía y el dinero sin
satisfacer tus necesidades ni alimentar tu espíritu.

Vive en un espacio más pequeño y haz que sea más confortable.
Las viviendas más pequeñas tienen un par de beneficios. En primer lugar, es imposible acumular una prodigiosa cantidad de bienes personales en ellas porque no hay suficiente espacio. Y en segundo lugar, una vivienda más pequeña se limpia y mantiene en
menos tiempo y es más económica. En *The 50 Best Ways to Simplify Your Life*, Heather Garnos Mitchener y Patrick Fanning ani-
man a los lectores a pensar cómo sería para ellos un hogar ideal.
Sugieren el siguiente ejercicio: cierra los ojos y visualiza los elementos que necesitas para disfrutar de un hogar sencillo e ideal.
Cuando te hayas hecho una clara imagen de él, escribe tus ideas en
un papel. Sé tan general o concreto como desees. Imagina un or-
denado armario de la ropa blanca, un tranquilo rincón con una cómoda silla y un cuarto de baño que parezca un spa. Utiliza la «lista del sencillo hogar que deseas» para pensar de forma realista en
los pasos que puedes dar para crear esta clase de hogar. Pregúntate en qué te gustaría dedicar la mayor parte de los medios de que
dispones, qué es lo que puedes realizar, no a base de dinero, sino
de tiempo e ingenio, y quién necesitas que te ayude para efectuar
estos cambios.

Elimina el desorden. Vivimos en una época de una abundancia sin precedentes. Es muy fácil acumular objetos que no tienen ningún valor o utilidad para nosotros y que sólo crean desorden y ansiedad. Mitchener y Fanning sugieren limpiar los espacios abarrotados de objetos adquiriendo el compromiso de controlar las compras que haces para el hogar, al menos hasta que revises hasta el último rincón de la casa para saber qué objetos has guardado. Lo más probable es que te quedes sorprendido al ver la cantidad de objetos que tienes. Si durante un año o más no has usado un objeto y ni siquiera te has acordado de él, ¿realmente lo necesitas?

Adopta el modo de vida correcto. *El modo de vida correcto* es un ideal budista que puede resumirse en la advertencia de los años sesenta que decía: «sé parte de la solución y no del problema». El modo de vida correcto significa tener un trabajo que sea coherente con tus valores y te enriquezca a nivel personal. Que simplifique tu vida dándote la sensación de cumplir una misión. Cuando tu trabajo coincide con tus valores, tu autoestima aumenta y afrontas con más facilidad las complicaciones, las decepciones y el estrés. Adoptar el modo de vida correcto puede exigir tiempo, riesgos y esfuerzos. Tal vez tardes uno o dos años en adquirir la formación o las herramientas necesarias para empezar una nueva profesión. Y además al principio tal vez hayas de trabajar de aprendiz antes de que tu nueva línea de trabajo satisfaga tus necesidades económicas. Pero normalmente el tiempo, el esfuerzo y las molestias que comporta la nueva situación valen la pena.

Reduce el trayecto para ir al trabajo. Reducir o eliminar el trayecto que recorres para ir al trabajo es uno de los cambios más importantes que puedes hacer para simplificar tu vida. No necesitas pensar demasiado para ver la cantidad de estrés adicional que crea conducir en la hora punta para ir al trabajo. Trasladarte a vivir más cerca de donde trabajas o elegir residir y trabajar en una ciudad más pequeña te ayudarán a simplificar tu vida. Como mínimo, si tienes que recorrer una larga distancia, intenta tener un horario más flexible (para evitar la hora punta) o un coche cómodo equipado con un estereo. En la actualidad, el 15 por ciento de los estadounidenses trabajan en su hogar y esta cantidad está creciendo cada día. Si se te ocurre algún tipo de trabajo de asesoramiento o que se lleve a cabo con un ordenador, podrás unirte a esta creciente cantidad de personas que trabajan cómodamente en su casa.

Reduce la cantidad de horas que pasas ante el televisor. ¿Cuánto tiempo pasas al día delante de la pantalla? Si eres como la mayoría de la gente, en tu casa habrá al menos dos televisores que ofrecen una asombrosa cantidad de programas para elegir, y un ordenador con internet que te permite acceder a millones de páginas web. Ya sé que en la televisión dan algunos programas muy buenos y que internet es una herramienta maravillosa para distribuir información. Pero el problema está en la gran complejidad de tener tantas opciones, todas ellas comportan el estado pasivo de mirar un entretenimiento o de absorber información. Aunque la vida ante la pantalla puede aliviar la ansiedad, también puede ser un obstáculo para entablar una conexión más profunda con la naturaleza, con los demás y contigo mismo. Si tu ansiedad empeora por el exceso de estímulos y la sensación de desconexión que sientes, es mejor reducir el tiempo que pasas delante del televisor.

Vive cerca de la naturaleza. Los estados de ansiedad suelen asociarse con una sensación de incorporeidad. Sentirte inestable y desconectado de tus sentimientos y del cuerpo físico es especialmente común en las sensaciones de despersonalización o desrealización (sensación de «irrealidad») que pueden acompañar a un agudo estado de ansiedad o pánico. Esta sensación de desconexión se puede agravar en situaciones que impliquen estar literalmente desconectado de la tierra, como al conducir un coche, vivir en los últimos pisos de un alto edificio o volar en avión. También se puede agravar en situaciones en las que eres bombardeado por tantos estímulos que tu mente se dispersa, como en el supermercado, los centros comerciales o las reuniones sociales.

Salir a dar un paseo por el bosque o por el campo es una actividad sencilla que te ayudará a neutralizar la sensación de incorporeidad. Mantener un estrecho contacto con la tierra —con sus vistas, sonidos, olores y energías— te ayudará a estar en contacto contigo mismo. Elegir vivir en semejante entorno, si es posible, te permite restablecer la conexión con la tierra que parece haber perdido la mayor parte de la civilización moderna.

Domínate al oír el teléfono. Hay personas que creen que han de ponerse al teléfono siempre que suena, al margen de la hora que sea o del estado de ánimo en que se encuentren en aquel momento. Tanto si llama un acreedor, un vendedor o un pariente cascarrabias, piensan que contestar el teléfono es casi una obligación sagrada. Recuerda que ponerte al teléfono es opcional. Puedes dejar que se active el contestador o el buzón de voz y devolver la llamada cuando puedas dedicar toda tu atención a quien te ha llamado. Si estás inmerso en una actividad o un proyecto gratificante, no es necesario dejarlo para contestar una llamada que no es urgente.

Delega las tareas de poca importancia. Delegar incluso una actividad que no te gusta hacer, como las tareas domésticas o el cuidado del jardín, puede hacerte la vida mucho más cómoda y agradable. ¿Hay algo que tus hijos pudieran aprender a hacer tan bien como tú? Quizá puedes dejar que los otros miembros de la familia te ayuden a cocinar, a lavar los platos, a cuidar del jardín o a limpiar la casa. En *The 50 Best Ways to Simplify Your Life*, Mitchener y Fanning dan algunos consejos para decidir qué tareas hay que delegar. Empiezan diciéndote que hagas una lista de las tareas domésticas cotidianas y del jardín. Después, has de anotar las tareas importantes que sólo se realizan varias veces al año. Echa un buen vistazo a la lista. ¿Qué tareas cotidianas sueles siempre evitar? ¿Se acumulan hasta el punto de que te produce ansiedad sólo de pensar en ellas? ¿Si otra persona las hiciera te sacaría un gran peso de encima? Piensa en tareas de envergadura como la limpieza general de la casa o limpiar las ventanas. ¿Te dedicas a posponer estas tareas un año tras otro? Si es así, piensa en si te conviene buscar a alguien para que las haga. Si el dinero es un problema, quizá tengas alguna habilidad u objeto que puedas usar como trueque. Tal vez cerca de tu casa hay algún adolescente o joven que puede trabajar para ti media jornada o durante una temporada.

Aprende a decir no. El *no* no es una palabra sucia. Muchas personas se enorgullecen de poder satisfacer las necesidades y deseos de sus amigos, familia y compañeros de trabajo. El problema es que el resultado final de esta constante «amabilidad» es el agotamiento. Estás tan ocupado encargándote de las necesidades de los demás que no te queda tiempo ni energía para cuidar de ti. Cuando alguien te pida si puedes prestarle un poco de tu tiempo, esfuerzo, o sea lo que sea, antes de responderle con un sí piensa si esta ayuda es conveniente tanto para ti como para la otra persona.

Selecciona la información. Más que nunca la información es una fuente de abarrotamiento. La propaganda que te echan en el buzón y los catálogos, revistas y periódicos que te envían pueden irse apilando hasta formar una montaña digna de sir Edmund Hillary (el primer alpinista en escalar el Everest). Es bueno tener en cuenta que la información que recibimos debe corresponderse con nuestros intereses. Tanto si te interesa la política local, las noticias de países que no reciben demasiada atención de la prensa o las actividades del gobierno, has de seleccionar la información que te interesa y olvidarte del resto. También te sugiero que te des de baja en las sociedades que suelen enviarte una información por e-mail que no te apetece leer o que canceles la suscripción a las revistas o periódicos que no leas por falta de tiempo o de ganas.

Ejercicio: cuestionario para simplificar tu vida

Ahora te toca a ti. Dedícate durante un rato a pensar cómo puedes simplificar tu vida. Responde a las siguientes preguntas en una hoja de papel:

1. En una escala del 1 al 10, el 1 representa el grado más alto de simplicidad y el 10 el más alto de complejidad, ¿qué puntuación le darías a tu estilo de vida actual?

2. ¿Has hecho algún cambio el año pasado en tu forma de vivir para que fuera más sencilla? Si es así, ¿en qué ha consistido?

3. ¿Qué cambios en general te gustaría hacer para simplificar más tu vida?

4. ¿Qué cambios estás dispuesto a llevar a cabo el año que viene para simplificar tu vida?

Ejercicio: lista para llevar una vida sencilla

Repasa las siguientes estrategias para simplificar tu vida y averigua las que estás dispuesto a intentar o iniciar en los dos próximos meses. Subraya las que te gustaría hacer de aquí uno o dos años.

- ❏ disminuye el desorden de tu casa
- ❏ múdate a una vivienda más pequeña
- ❏ trasládate a una ciudad más pequeña
- ❏ vive más cerca de los comercios para poder hacer las compras con más rapidez
- ❏ compra menos ropa y fíjate más en las prendas funcionales, duraderas y estéticas que en las que están de moda
- ❏ conduce un coche sencillo que gaste poca gasolina
- ❏ reduce tu dependencia de la televisión
- ❏ reduce tu dependencia de las diversiones exteriores (cine, comedias, obras de teatro, conciertos, clubs nocturnos)
- ❏ reduce (o elimina) las suscripciones a revistas
- ❏ date de baja de la suscripción a un periódico
- ❏ pon una nota para que no te echen propaganda en el buzón
- ❏ deja de ponerte al teléfono cada vez que suene
- ❏ reduce el trayecto para ir al trabajo (si es posible, ve caminando o en bicicleta)
- ❏ trabaja en tu hogar
- ❏ di a todo el mundo, menos a tu familia, que ya no vas a hacer regalos en Navidad (ni enviar felicitaciones)
- ❏ si vas de vacaciones, llévate una maleta y mete en ella sólo la ropa imprescindible
- ❏ pasa las vacaciones cerca de donde vives o en casa

❏ reduce tus compras de objetos de lujo o de diseño; da preferencia a los objetos duraderos, fáciles de reparar y que no contaminen

❏ da los pasos necesarios para no tener deudas

❏ conserva sólo una tarjeta de crédito

❏ consolida tus cuentas bancarias

❏ delega en alguien las tareas engorrosas como cuidar del jardín, limpiar la casa y hacer la declaración de la renta

❏ simplifica tus hábitos alimenticios consumiendo productos integrales y sin procesar

❏ adquiere una buena provisión de alimentos cada semana para ahorrar tiempo

❏ haz que el agua sea tu bebida habitual

❏ prepara en casa el desayuno que te llevas al trabajo

❏ aprende a decir «no»

❏ deja de intentar cambiar a los demás

❏ deja de intentar complacer a todo el mundo, salvo a ti

❏ despréndete de los objetos personales que no necesites

❏ trabaja en lo que realmente te gusta

❏ trabaja menos y pasa más tiempo con los seres amados

Algunos de estos cambios puedes hacerlos rápidamente, mientras que otros requieren seguir un proceso. Por ejemplo, quizá tardes un año o dos en organizar tu vida para poder trabajar en algo que te guste. Para desprenderte de los bienes personales que no necesites, mete en un armario o deja en un depósito los objetos que no utilices durante un año, y cuando haya pasado ese tiempo, despréndete de los que no hayas utilizado. Para saber decir «no» o dejar de intentar complacer a todo el mundo has de tener seguridad en ti mismo, una habilidad que puedes adquirir yendo a clases, talleres o terapias concebidas con este fin o leyendo libros sobre el tema. Recuerda que simplificar tu vida es el proceso de hacer que tus actividades, trabajo y objetivos concuerden con tu espíritu.

10

Cultiva tu espiritualidad

La espiritualidad, al menos tal como yo la entiendo, no es sinónimo de religión, ni tampoco necesitas seguir ninguna doctrina religiosa para explorar y profundizar la dimensión espiritual de tu vida. Cultivar la espiritualidad significa ser más consciente de algo que es más inmenso que tu propia personalidad y que la vida del día a día. Hacer una conexión espiritual significa ir más allá de la realidad ordinaria de la vida para unirte con un poder más elevado. No importa si decides llamar a este poder *Dios, amor* o *universo,* lo que cuenta es que ahondes la conexión que mantienes con él.

Al profundizar tu conciencia espiritual, aprendes a valorar el objetivo por el que estás aquí en la tierra así como la singularidad del mismo. La gravedad de tus preocupaciones y miedos cotidianos disminuye cuando los contemplas desde una óptica espiritual más amplia. Al desarrollar una base espiritual más fuerte, la ansiedad y los escenarios de «¿Y si?» que tus miedos solían evocar te parecerán intrascendentes.

Cómo la espiritualidad puede aportarte una sensación de calma

Aunque la espiritualidad no pueda sustituir a una terapia convencional para tratar la ansiedad, es un poderoso elemento de cualquier plan complementario. Recorrer un camino espiritual puede cambiar tus percepciones, actitudes y creencias de forma que ejerzan un importante y positivo efecto sobre tu ansiedad.

Confía en que te recuperarás. Cualquier persona que haya luchado contra la ansiedad sabe que el camino de la recuperación no es recto ni uniforme, y a veces el miedo puede parecer una carga constante. La espiritualidad te da esperanzas: la esperanza de que tu problema acabará desapareciendo y que el futuro te traerá muchas otras cosas positivas aparte de tu miedo. Participar en alguna clase de espiritualidad es sentirse inspirado con regularidad, y esta sensación te ayudará a seguir esforzándote para curarte. La palabra *inspirado* significa literalmente «ser infundido de vida». La espiritualidad no sustituye el aprendizaje ni la práctica de las habilidades para controlar los síntomas de la ansiedad, pero te da la fuerza necesaria para seguir aunque el camino se vuelva muy pedregoso.

Una forma de afrontar las situaciones más difíciles. Tenemos suerte de vivir en la época actual, ya que hoy día existen unos buenos tratamientos para las numerosas clases de trastornos de ansiedad. Sin embargo, algunos de los trastornos más intensos de ansiedad, como el estrés postraumático o un grave trastorno obsesivo-compulsivo sólo mejoran hasta cierto punto con tratamientos normales como la terapia cognitiva conductual y la medicación. Para estas situaciones también hay unos recursos espirituales que pueden ser de gran ayuda. Seguir el modelo de doce pasos y confiar el problema que tenían a un poder más elevado ha ayudado a muchas personas a vencer dificultades que parecían insuperables. Al igual que ocurre con el proceso de visualizar o de repetirte por medio de afirmaciones positivas que al final te vas a recuperar, a pesar de las muchas dificultades por las que estés pasando. Profundizar tu espiritualidad, aunque no se traduzca en una total desaparición de tus síntomas, te ayudará a verlos de una nueva forma que te proporcionará un cierto alivio. Puedes aprender a afrontar con más serenidad un problema para que sea una realidad manejable en lugar de una catástrofe crónica. Desarrollar una mayor sensación de paz, fuerza y fe te permitirá aceptar las dificultades con serenidad. Aceptarlas no significa que te resignes a ellas ni que seas fatalista. Cuando trabajas con un problema a un nivel espiritual, lo utilizas para profundizar la relación que mantienes con un poder más elevado y para evolucionar como ser humano. Tu ansiedad se convierte entonces en un vehículo en lugar de ser un obstáculo en el camino.

Una sensación de seguridad en la inestable vida moderna. La ansiedad es la antítesis de la seguridad. Se suele desencadenar con la sensación de que está a punto de ocurrirte una catástrofe y puede dejarte la sensación de que estás dominado por el miedo. En cambio, la espiritualidad te ofrece el precioso regalo de sentirte interiormente seguro y a salvo, lo cual es muy importante para aliviar la ansiedad. Cuando conectas con el poder más elevado que hay en ti, te sientes más seguro porque sabes que no estás solo en el universo, ni aun en los momentos que te sientes alienado de los demás o abatido por la ansiedad. Tu sensación de seguridad crece a medida que descubres que hay una fuente en ti a la que siempre puedes recurrir en tiempos difíciles, y que no hay ningún problema o dificultad, por grande que sea, que no pueda resolverse con la ayuda de ese poder más elevado que hay dentro de ti.

La paz mental. La paz mental procede de sentir una profunda y duradera sensación de seguridad y protección. Cuanto más confíes y dependas de ese poder más elevado que hay en ti, más fácil te resultará afrontar los inevitables retos que la vida te plantea sin preocuparte ni tener miedo. No significa que te entregues ciegamente a ese poder, sino que aprendes a confiar en él y a no apegarte a la situación cuando estás metido en un problema. Aprender a no apegarte a la situación cuando las soluciones no son fáciles de encontrar te ayudará a reducir tu preocupación y ansiedad. La paz mental puede definirse como la ausencia de preocupación.

Distánciate de las reacciones emocionales automáticas. Las prácticas espirituales, sobre todo la meditación, te ayudarán a estar más en contacto con tu yo fundamental, ese yo que no ha sido condicionado por toda una vida de experiencias y emociones. Es un profundo estado de conciencia, más allá del ego, que siempre está sereno y en paz, a pesar de los melodramas en que estés metido en la vida cotidiana. Entrar en contacto con tu yo incondicionado es como llegar a un tranquilo oasis que se encuentra más allá de las fronteras de la ansiedad. A base de tiempo y de práctica, podrás entrar en ese estado. La meditación, las lecturas inspiradoras, las visualizaciones dirigidas, la música bella o las disciplinas físicas como el yoga y el tai chi son unos caminos que te llevarán a él.

Libérate de tu necesidad de tenerlo todo bajo control. Las preocupaciones surgen cuando te obsesionas con las circunstancias que no puedes controlar por completo. Las preocupaciones te ofrecen la ilusión de tenerlas bajo control. Si te preocupas por algo lo suficiente, sientes como si estuvieras más preparado para el desastre cuando éste te golpee, que no te cogerá desprevenido. Te da la impresión de que si dejaras de preocuparte perderías el control de la situación. El crecimiento espiritual, al margen de la tradición o el método que elijas, te anima a cultivar la actitud de dejar de desear controlarlo todo. Sin renunciar a tu responsabilidad, aprendes a dejar que un poder más elevado influya en parte sobre el resultado de las situaciones que no puedes controlar. La frase *Suéltate y confía en Dios* afirma esta clase de actitud. Este aspecto del crecimiento espiritual puede ser muy útil para reducir la ansiedad.

Siente un mayor amor y compasión hacia ti. A medida que cultivas el contacto con el poder más elevado que hay en ti, fortaleces los vínculos que mantienes con todas las cosas creadas. Recuerdas que tú también formas parte del universo al igual que los pájaros, las estrellas y los árboles. También tiendes a considerar el universo más bondadoso y acogedor, y a verte como una persona buena, agradable y merecedora de respeto, ya que formas parte del universo. Tratamos a nuestras mascotas con respeto y amor por ser tal como son y, en cambio, a menudo no tenemos esta actitud con nosotros mismos. Sea cual sea tu conducta o la decisión que tomes, sigues siendo bueno y valioso por naturaleza. Las ideas que tienes sobre ti, por más negativas que sean, en el fondo no cuentan, ya que formas parte del maravilloso universo, al igual que todo lo demás que hay en él. Es un error suponer que esta clase de razonamiento puede utilizarse para justificar una conducta ignorante o poco ética. Es importante tener en cuenta que el comportamiento de una persona no es lo mismo que aquello que ella es en esencia.

Libérate del perfeccionismo. Si crees que eres valioso por ti mismo, tenderás menos a caer en el error del perfeccionismo. Cuando la sensación de ser valioso surge de tu ser en lugar de los logros externos, no necesitas obsesionarte por alcanzar unos modelos poco realistas, tanto si eres tú el que te los impones como la sociedad que te rodea. Por supuesto, fijarte unos objetivos, llevar una vida lo más plena posible, y esforzarte por dar lo mejor de ti te proporcionará una estructura en tu vida y hará que te sientas más útil. El problema no viene de perseguir algo, sino de medir lo que vales según tu capacidad de alcanzar por completo tus objetivos. Cuando comprendes que tu sensación de valía surge de tu interior, disfrutas más al perseguir la plenitud y los objetivos que te has fijado en lugar de sentirte esclavizado por ellos.

Un amor incondicional. Conectar con el poder más elevado que hay en ti significa sentir un amor incondicional. El origen de toda la creación es en sí la expresión de un puro amor. Semejante amor no es como el amor romántico o una amistad normal, sino una compasión y un interés que no dependen de lo que tú o los demás digan, hagan o sientan. Está libre de enjuiciamientos y al recibirlo sentirás que estás más dispuesto a ser generoso con los demás. Sentirás que tu corazón se abre más a las personas y a sus problemas. Tenderás a verlas sin la sombra de tus opiniones y dejarás de compararte con los demás. El amor incondicional produce una sensación de seguridad, que es el antídoto natural para el miedo.

Encuentra tu propia espiritualidad

Hace mil años San Anselmo, un teólogo medieval, sostenía que cualquier concepto sobre Dios era una contradicción, ya que Dios es infinito y algo que es infinito trasciende cualquier concepto que podamos captar con la razón. Sin embargo, intentar comprender a Dios es una compulsión humana esencial. Parece que para tener algún concepto de Dios, aunque esté abocado a ser incompleto, hayamos de pensar o hablar de la existencia de un poder más elevado.

¿Cuál es tu idea de un poder más elevado y la relación que mantienes con él? Las siguientes preguntas están concebidas para ayudarte a averiguarlo. Escribe las respuestas en una hoja de papel.

1. ¿Qué significa para ti la idea de Dios o de un poder más elevado?

2. Describe los atributos que definen la idea de Dios, del espíritu o de un poder más elevado. Cuando piensas en la natualeza de Dios, ¿qué ideas e imágenes se te ocurren? ¿Es Dios personal o impersonal? ¿Cercano o lejano? ¿Interno o externo?

3. ¿Sientes que mantienes a nivel consciente un contacto personal con el poder más elevado que hay en ti? ¿Cómo lo experimentas?

4. ¿Qué obstáculos crees que te impiden aceptar o sentir el poder más elevado que hay en ti?

5. ¿Qué esperas obtener al desarrollar o profundizar tu contacto con ese poder más elevado?

Cultiva el contacto con ese poder más elevado que hay en ti

Cultivar el contacto que mantienes con el poder más elevado que hay en ti se parece a entablar una relación con otra persona. Cuanto más tiempo y energía dedicas a la relación, más cercana y enriquecedora se vuelve. Si estás dispuesto a dedicar más tiempo y energía a la relación que mantienes con el poder más elevado que hay en ti, se convertirá en una parte importante de tu vida cotidiana. A continuación encontrarás algunas formas en que solemos integrar la espiritualidad en la vida cotidiana.

Oración. La oración es un medio para comunicarte activamente con el poder más elevado que hay en ti y suele expresarse en forma de ferviente súplica. Algunas veces puedes pedir una determinada cualidad, como fuerza, paz o claridad. Y otras, que ese poder más elevado esté presente en una determinada situación. O confiarle a Dios un problema sin pedirle nada en especial.

Meditación. Cuando meditas aquietas y silencias la mente lo suficiente como para entrar en contacto con una parte más profunda de tu ser, una parte incondicionada y no reactiva que está en armonía con el poder más elevado que hay en ti. La meditación te ayuda a distanciarte de las emociones y pensamientos limitadores para poder observarlos en lugar de reaccionar a ellos. Durante miles de años la meditación ha sido un medio para aquietar la mente y acceder al reino de los cielos interior.

La lectura de obras espirituales. Leer textos espirituales inspiradores (o escucharlos en cintas) es una forma maravillosa de cam-

La adversidad es el trampolín para el crecimiento. Los retos que ponen en peligro nuestra felicidad y satisfacción no son unos fortuitos y caprichosos encadenamientos del destino. En el fondo todo ocurre por alguna razón. Si aceptas la idea de que la vida es un aula, verás los problemas y dificultades que te depara la vida como parte de tu currículum. Es un punto de vista totalmente distinto de aquel que considera las desgracias de la vida como los caprichos de un implacable destino. Esta última perspectiva te hace sentir como una desvalida víctima en medio de un mundo imprevisible que parece repartir a ciegas placer y sufrimiento.

En cambio, el punto de vista que te estoy proponiendo es otro totalmente distinto en el que las dificultades de la vida se consideran unas lecciones que fomentan una mayor sabiduría, compasión, amor y otras cualidades positivas. Cuanto mayor sea la dificultad, mayor será el potencial que te ofrece para aprender y crecer. Si aceptas esta idea, la siguiente pregunta que surgirá sera: *¿Quién establece el currículum y asigna las lecciones?* Muchos de nosotros nos hacemos esta pregunta de una forma u otra cuando la vida nos da un inesperado batacazo. Después de todo, al ver nuestras dificultades y las de los demás, es lógico preguntarse: *¿Cómo puede un Dios bondadoso permitirlo?* Como es natural, esta pregunta no es fácil de responder. Ninguno de nosotros puede comprender por completo cómo las lecciones que recibimos en la vida se reparten y asignan, aunque las distintas tradiciones espirituales tengan distintos puntos de vista sobre ello. Hemos de afrontar los retos que nos presenta la vida sin comprender del todo por qué. Sin embargo, si aceptas que la vida sirve para hacernos más sabios, conscientes y compasivos, probablemente entenderás por qué algunas de sus lecciones han de ser difíciles. Tal vez no sea una visión reconfortante, pero al menos explica hasta cierto punto por qué la vida en algunas ocasiones nos hace caer en picado.

Las limitaciones personales nos ayudan a crecer. Nuestros propios defectos nos inspiran a manifestar todo nuestro potencial. Piensa por un momento en tu ansiedad. Quizá te preguntes por qué alguien ha de enfrentarse a un problema tan difícil como un trastorno de pánico, una agorafobia, una fobia social o un trastorno obsesivo-compulsivo aunque sólo sea por varios meses, y ya no digamos cuando dura años. Quizá hayas seguido los mejores tratamientos para combatir este trastorno (incluso tomado medicamentos si era necesario) y experimentado una importante y auténtica recuperación. En muchos casos es posible recuperarse completamente de un trastorno de ansiedad. Sin embargo, supongamos que has recibido los mejores tratamientos y te has esforzado durante mucho tiempo pero no has conseguido recuperarte del todo. ¿Es ésta una razón suficiente para considerarte un fracasado? ¿Para pensar que eres menos hábil o persistente que los que se recuperan rápidamente de este trastorno?

Si has hecho todo lo posible por superar tu problema y todavía te sigue incomodando, quizá signifique que has de afrontar esta experiencia durante un buen tiempo para poder crecer interiormente. Por ejemplo, muchas personas cuando deben hacer frente a unas dificultades que no desaparecen fácilmente, aprenden a no apegarse a la situación. Estas condiciones y situaciones pueden ser tan duras que nos obligan a no apegarnos y a confiar el problema al poder más elevado que hay en nuestro interior. Esta actitud de desapego y de confianza en un poder más elevado no ha de verse como una renuncia a considerarnos responsables de nuestra vida, sino que implica hacer todo cuanto esté a nuestro alcance para salir adelante y, al mismo tiempo, confiar la situación a un poder más elevado para que nos ayude en ella.

La creatividad da sentido a nuestra vida. La creatividad no se plasma sólo en un lienzo, sino que puedes animar con ella unas acciones tan cotidianas como cocinar o relacionarte con tu familia. La creatividad surge de la *inspiración,* un «influjo del espíritu». Encontrar tu canal creativo y reconocer que tienes la habilidad para crear algo singular da sentido a tu vida. Si no sacas lo mejor que hay en ti ni disfrutas de tus creativos dones, la vida te parecerá incompleta y podrás sentir más ansiedad porque no estarás expresando tus especiales aptitudes.

Siempre disponemos de una fuente que nos brinda apoyo y guía. Es fácil ver cómo aceptar o rechazar esta idea puede condicionar tu ansiedad. El miedo y la ansiedad se basan en la idea de que estás solo y a merced de los caprichos del destino. Pero si aceptas que en tu interior hay un poder más elevado que te brinda apoyo y guía, ya no te sentirás solo. Incluso en las épocas en que te parece que nadie puede ayudarte, seguirá habiendo en ti una constante fuente que te brinda apoyo. Puedes recurrir al poder más elevado que hay en ti para recibir inspiración y consuelo, lo cual será un bálsamo en los tiempos difíciles. La ayuda que buscas puede surgir en forma de unas claras percepciones interiores e intuiciones que te indiquen la dirección que debes seguir.

La inspiración llega bajo un aspecto prosaico. La inspiración no tiene por qué venir sólo en un elaborado entorno. El poder más elevado que hay en ti también se manifiesta en la vida cotidiana. Las maravillosas sensaciones que nos produce la naturaleza, las profundas percepciones que parecen brotar de la nada, las sincronías (las asombrosas coincidencias) y la súbita sensación de recibir apoyo en tiempos difíciles son algunos ejemplos de las espontáneas y reconfortantes ayudas espirituales.

El poder más elevado que hay en ti te responde siempre cuando eres sincero. La frase «Pedid y recibiréis» aunque se atribuya a Jesús, es cierta al margen de la tradición o la orientación espiritual que sigas.

Todas las religiones que utilizan la oración mantienen que ésta será respondida. Quizá alguna vez te han concedido algo que habías pedido en una oración. Con frecuencia parece que el grado de fervor que anima a tu súplica tiene que ver con la rapidez de la respuesta. Un ejemplo común es cuando te sientes abrumado por alguna situación y casi te echas a llorar para implorar a un poder más elevado que te ayude. En muchos casos, la situación mejora o cambia, a menudo al cabo de poco tiempo. Lo cual no significa que siempre que pidas algo se vaya a cumplir. La oración puede responderse de muchas formas, y a veces la respuesta no es la que nosotros esperábamos. Es imposible saber la clase de respuesta que nuestra súplica recibirá, aquí es donde entra en juego la fe. Pero puedes confiar en que tu petición será escuchada y que la respuesta será la que más te conviene.

Las metas o las intenciones que brotan de lo más profundo de tu ser —de tu corazón— se cumplirán. Una sincera intención tiene el poderoso efecto catalizador de crear un cambio positivo. Tiendes a alcanzar aquellos objetivos en los que crees y que persigues con todas tus fuerzas. Cuando tu intención es lo más acertado para ti y no perjudica a aquello que más le conviene a otra persona, lo más probable es que se acabe cumpliendo. Una profunda intención cambia tu conciencia y la concentra. También parece tener consecuencias en el mundo que nos rodea. Los acontecimientos del mundo exterior tienden a alinearse con tu profunda y sincera intención.

Cada uno de nosotros somos una expresión individualizada del espíritu. Hay un aspecto de la parte más íntima de tu ser que está conectado con todos los seres y al mismo tiempo es una prolongación de ellos. Este aspecto se ha llamado en la filosofía oriental yo o *atman*. Muchas personas de Occidente lo llaman alma. La psicología transpersonal lo denomina el yo más elevado. El yo más elevado se concibe como un aspecto individualizado o personalizado del espíritu universal que reside en el núcleo de tu ser. En pocas palabras, cada uno de nosotros, en esencia, somos una expresión individualizada del espíritu que habita en todas las cosas. Cada uno de nosotros es una gota en el océano cósmico. Es importante añadir también que tu conciencia, ego o personalidad no es una prolongación directa de Dios, sino que tu yo consciente (personalidad) es una compleja serie de conceptos, recuerdos, hábitos e imágenes que has ido creando a lo largo de la vida. Aquel que crees ser es algo que tú has aprendido y creado, no es quien en esencia eres.

El mal no es una fuerza distinta sino el uso incorrecto de nuestro poder creativo. Cuando te sientes alienado de tu yo más íntimo, aquello que creas en tu mente y en la realidad física que te rodea no tenderá a ser beneficioso ni enriquecedor para ti ni para los demás. El mal no es una fuerza distinta de Dios que vaya en contra de Él. (Si así fuera, Dios no podría ser infinito, ya que existiría algo aparte que sería independiente de Él). Es más bien el uso incorrecto que hacemos de nuestro poder creativo al tomar unas decisiones que no están de acuerdo con nuestro yo más íntimo o alma. No es un airado Dios el que nos castiga por los errores cometidos, sino que somos nosotros los que cosechamos las consecuencias negativas de aquellas acciones nuestras que entran en conflicto con nuestro yo más elevado (y con el universo).

El «mal» es un término relativo. Comer alimentos poco sanos tal vez no esté en armonía con nuestro verdadero yo pero normalmente no se considera algo malo. Al igual que provocar sin querer un accidente que lastima a alguien. Las acciones consideradas malas (por ejemplo, los hirientes crímenes intencionados) no mantienen en absoluto una armonía con el yo más íntimo o el alma de quien las ha perpetrado. Si, como se ha dicho, todos los seres formamos una unidad y estamos unidos al nivel más elevado, hacer daño a otro ser adrede equivale a hacerse daño a uno mismo y a todos los otros seres. Por tanto «deberíamos» desear hacer lo que es más adecuado para nosotros —o lo que intuitivamente sabemos que lo es— no porque hayamos de hacerlo en el sentido moral, sino porque lo más adecuado para nosotros es siempre lo que nuestro yo más profundo desea. En general, cuando actuamos movidos por el amor o la compasión, es nuestro yo más íntimo el que está actuando. Si existe algún imperativo moral, es el de hacer lo que nuestro yo más íntimo o alma desea.

El amor es más fuerte que el miedo. El amor puro e incondicional emana del poder más elevado que hay en ti, del núcleo de tu ser y del de todos los seres. Todos los miedos pueden considerarse distintas formas de separación: separación de los demás, de uno mismo y de Dios. El amor es más fuerte que el miedo porque es más profundo. A nivel consciente es la experiencia de sentir que tu corazón se une con otra persona o con algo. A un nivel más profundo, es el estado primordial o la base esencial de todo el universo. Esta visión la comparten tanto las religiones orientales como las occidentales. El amor no es algo que poseamos o que no poseamos, ya que define literalmente lo que somos por naturaleza y en esencia. El miedo puede ser profundo, pero nunca lo será tanto como el amor, porque el miedo sólo surge cuando nos sentimos separados del estado primordial que nos unifica con todo cuanto existe.

La mayor parte de la ansiedad que sientes está relacionada con unos miedos concretos como el abandono, el rechazo y la humillación, la pérdida de control, la incerteza, la incomunicación, el dolor físico o la muerte. El miedo puede adquirir cualquiera de estas formas (y otras), basadas en una condicionante experiencia pasada. Sin embargo, ninguno de esos miedos habría podido surgir sin la existencia de una separación. La existencia del miedo siempre indica que tu mente se ha separado en un cierto grado de tu ser más íntimo, de los demás o de Dios.

La muerte no es el fin sino una transición. Nuestra naturaleza esencial o alma sobrevive a la muerte física. Esta idea básica la comparten todas las religiones del mundo. Todas ellas afirman que el alma individual sigue existiendo después de la muerte física, aunque difieran en sus ideas sobre la naturaleza de la vida en el más allá.

¿Te da miedo la muerte o te inquietan las enfermedades y lesiones físicas por este temor? Si es así, la idea de que el alma es inmortal te reconfortará. Quizá te ayude leer las ideas de distintas fes que consideran que el alma es indestructible. También puedes leer algunos libros y artículos sobre experiencias cercanas a la muerte. Los puntos comunes que todas las personas que han vivido esta clase de experiencia mantienen ha producido algunas interesantes especulaciones sobre la vida después de la muerte.

Espero que la perspectiva espiritual ofrecida en este capítulo te haya sido de ayuda. Al considerar las ideas que se presentan en él, quédate con lo que encaje contigo y olvídate del resto. La espiritualidad es el camino más antiguo y profundo que lleva a la curación natural. Dependiendo de la conexión que mantengas con el poder más elevado que hay en ti, puede cambiar tu vida y crear pequeños o grandes milagros. El hecho de desarrollar tu espiritualidad no elimina sin embargo la necesidad de utilizar otros métodos curativos presentados en este libro. Reservarte un tiempo para relajarte y hacer ejercicio, cuidar tu alimentación, pensar de manera realista, corregir los estados que agravan la ansiedad, tomar suplementos nutricionales, practicar la meditación y llevar una vida sencilla es importante para vivir de una manera más serena y tranquila.

La espiritualidad puede inspirarte y animarte a seguir con tu programa de curación. Y además te ofrece un poderoso medio para dar un nuevo paso hacia adelante en las épocas en que te sientes atrapado, desanimado o confundido.

Recurrir a una ayuda exterior

Hay una serie de artes curativas practicadas por profesionales titulados que, aunque no sean unos sistemas de autoayuda en sí, van muy bien para tratar la ansiedad. En esta sección se mencionan las cinco más conocidas y utilizadas por las personas que sufren problemas de ansiedad u otros trastornos relacionados con el estrés: el masaje, la acupuntura, la quiropráctica, la homeopatía y la naturopatía. Cualquiera de estos cinco métodos te beneficiarán. Recibir sesiones semanales de masaje o de acupuntura, o de ambos, puede ser de gran ayuda.

Masaje

El masaje terapéutico es un arte curativo concebido para producir una profunda relajación por medio de una hábil manipulación de los músculos y tejidos blandos del cuerpo. Los terapeutas masajistas profesionales suelen recibir en el transcurso de su formación de quinientas a cien horas de clase de anatomía, psicología y de diversos métodos terapéuticos, como el masaje sueco, la manipulación de los tejidos profundos, la reflexología, la digitopuntura y el shiatsu.

Recibir un masaje de una hora cada semana —o incluso dos veces al mes— produce una profunda relajación al eliminar la tensión muscular retenida en el cuerpo durante largo tiempo. El masaje potencia y profundiza los beneficios de la relajación muscular progresiva. Ésta relaja la tensión superficial y profunda de los músculos exteriores de los brazos, piernas, cuello y torso. En cambio, el masaje, sobre todo el masaje en los tejidos profundos, alivia la tensión crónica y prolongada retenida en los músculos más profundos del cuerpo. El masaje además de relajar la tensión muscular, ayuda al cuerpo a eliminar las toxinas acumuladas al estimular la circulación linfática y corregir la atonía intestinal.

A un nivel más psicológico, recibir un masaje es una forma excelente de alimentarte cuando estás estresado. También te ayuda a afrontar cualquier sentimiento o resistencia dolorosa relacionada con el contacto físico, haciendo que te sientas más cómodo con esta necesidad innata en los seres humanos.

Hay muchas técnicas de masaje para elegir. El *masaje sueco,* desarrollado por Peter Ling en la primera década del siglo XIX, consiste en dar golpecitos con los nudillos, aplicar presiones y dar suaves sacudidas a los músculos para inducir al cuerpo a relajarse. Es la clase de masaje más común. El *masaje en los tejidos profundos* presiona con mayor intensidad que el masaje sueco los músculos más profundos y se concentra en las zonas problemáticas. El *masaje neuromuscular* masajea los tejidos profundos y trabaja con *puntos especiales* para relajar los músculos que retienen una tensión crónica. Si deseas recibir más información sobre los masajes, te aconsejo que leas la obra *The Massage Book,* de George Downing.

Acupuntura

La *acupuntura* surgió en China como una modalidad curativa hace cerca de tres mil años y en la actualidad se practica en todo el mundo. La acupuntura, al igual que el tai chi, mantiene que la salud está determinada por la libre y regular circulación del *chi,* la energía vital o sutil que anima a todos los seres vivos. El chi fluye por unos canales del cuerpo llamados meridianos, cada uno de los cuales se relaciona con un órgano. Cuando la energía que fluye no está limitada ni es excesiva, se da un estado de buena salud. Pero si la circulación de la energía está desequilibrada en uno de esos dos aspectos, pueden aparecer tanto síntomas físicos como mentales de molestias o enfermedades. Por ejemplo, se considera que el miedo está producido por un exceso o un bloqueo de la energía que circula por el meridiano de los riñones. Los tratamientos de acupuntura para equilibrar el meridiano de los riñones (y otros meridianos que lo apoyan) pueden aliviar el miedo.

En un tratamiento de acupuntura el acupuntor inserta unas finas agujas en unos determinados puntos del cuerpo del paciente. Durante una sesión de acupuntura la mayoría de la gente no siente dolor, sólo un ligero pinchazo. Normalmente las agujas se dejan insertadas en los puntos de veinte a treinta minutos, y después de la sesión es muy habitual sentirse muy relajado y rejuvenecido. Para curar dolencias como las migrañas, las alergias o el dolor de espalda, es necesario recibir varias sesiones (dos veces a la semana durante varias semanas). Si deseas utilizar la acupuntura para aliviar la ansiedad, te recomiendo recibir una o dos sesiones a la semana durante varios meses. Los acupuntores, para aumentar los efectos del tratamiento, suelen recetar plantas medicinales en forma de infusiones o de cápsulas para tomarlas en casa. Algunas personas aquejadas de ansiedad dicen que prefirieron seguir tomando las plantas chinas una vez finalizado el tratamiento porque sus efectos les resultan muy beneficiosos.

A los que les incomodan las agujas de acupuntura, pueden recurrir a la digitopuntura, un método alternativo. La digitopuntura (y el *shiatsu,* que guarda una estrecha relación con ella) se basa en los mismos principios que la acupuntura, pero en lugar de estimular la circulación y el equilibrio de la energía que fluye por los canales por medio de agujas, lo hace utilizando la presión manual. Muchos terapeutas masajistas practican la digitopuntura, ya que es una forma sencilla y económica de equilibrar la energía. En realidad tú mismo puedes tratarte con digitopuntura. La obra de Michael Gach, *El gran libro de la digitopuntura,* ofrece instrucciones para autotratarse.

Quiropráctica

La mayoría de las personas creen que la *quiropráctica* es un arte curativo que sirve para aliviar el dolor de espalda causado por el estrés o por alguna lesión. Pero a un nivel básico, la quiropráctica también sirve para mantener la salud optimizando la transmisión de los impulsos nerviosos que ascienden y descienden a lo largo de la columna y por otras partes del cuerpo. La quiropráctica se basa en la idea de que las distintas tensiones en la columna pueden llegar a desalinear las vértebras y bloquear la transmisión de impulsos nerviosos que fluye entre el cerebro y el cuerpo, así como entre la columna vertebral y los órganos del cuerpo. Cuando la transmisión nerviosa que llega a un órgano se reduce o limita, éste tiende a funcionar indebidamente, produciendo síntomas que abarcan desde una ligera molestia hasta enfermedades. Los desalineamientos de la columna pueden estar causados por una lesión, pero la mayoría de veces proceden del estrés. Los músculos tensos por un estrés crónico suelen desalinear las vértebras. Aunque la tensión del músculo se relaje a través del ejercicio físico o del masaje, la columna vertebral no suele recuperar fácilmente su configuración normal. Por eso el quiropráctico intenta identificar y corregir los desalineamientos para estimular una óptima función del sistema nervioso con el fin de que el cuerpo vuelva a funcionar como un todo.

La quiropráctica es una útil estrategia para aliviar la tensión crónica, tanto si ésta es dolorosa como si no lo es. Una visita ocasional a un quiropráctico puede aumentar tu sensación de bienestar. Si deseas contactar con algún quiropráctico de la zona en que resides, pregunta a algún amigo o familiar si conoce a alguno. Si prefieres que no te manipulen directamente la columna, algunos quiroprácticos la ajustan sin manipularla directamente con un sistema llamado *quiropráctica suave.*

Homeopatía

La *homeopatía* es un sistema de medicina desarrollada a finales del siglo XVIII por un médico alemán llamado Samuel Hahnemann. La homeopatía actúa basándose en el principio de que cualquier sustancia que produzca una enfermedad en una persona sana, al aplicarla a una persona enferma que manifieste los síntomas de la misma dolencia, estimulará una respuesta curativa. Las medicinas homeopáticas, llamadas *remedios,* consisten en unas dosis diminutas de una amplia gama de sustancias naturales.

La homeopatía tal vez te parezca muy extraña si sólo conoces la medicina occidental convencional, pero en el pasado fue muy popular en Estados Unidos. Pero debido a una serie de razones

—como las políticas y la aparición de los antibióticos— casi desapareció. Sin embargo, en los últimos treinta años ha habido un renovado interés por la homeopatía que coincide con el renacimiento de un movimiento que fomenta la salud natural. Curiosamente, la homeopatía siempre se ha estado utilizando en la mayor parte de Europa, Sudamérica e India como un sistema para cuidar de la salud.

Si nunca has conocido a un homeópata, te has perdido una experienca única. La primera visita a un homeópata consiste en una entrevista. Como el remedio que te receta se basa en la totalidad de tus síntomas, muchas de las preguntas que te hace no parecen tener nada que ver con tu ansiedad. Para un homeópata la ansiedad no es más que uno de los síntomas de un trastorno que existe en todo tu ser. Tú no eres sólo tu ansiedad, sino muchas más cosas, así que para encontrar la medicina adecuada para ti, necesitará hacerte muchas preguntas sobre tu salud física, emocional y mental.

Naturopatía

La *naturopatía* es un método curativo basado en la filosofía de *vis medicatrix naturae,* el poder curativo de la naturaleza. La medicina naturópata se centra en las terapias naturales que previenen las enfermedades y favorecen la salud al estimular la capacidad curativa innata del propio cuerpo. El médico naturópata recibe una formación que le enseña a ver a las personas como un todo, de modo que comprende la importancia de tener en cuenta la interconexión existente entre el cuerpo, la mente y el espíritu. La formación en las facultades de medicina naturópata incluye una sólida base integrada por las ciencias convencionales y, al mismo tiempo, una extensa formación en campos como la nutrición, la medicina botánica, la medicina física, la orientación médica, la medicina china y la homeopatía.

Una visita a un médico naturópata puede ser una experiencia totalmente nueva para ti. En ella te hará preguntas sobre tu dieta, estilo de vida y salud emocional. Y, además, en lugar de salir de la consulta con la receta de un fármaco en la mano, lo harás habiendo aprendido un montón de cosas sobre cómo ser el responsable de tu propia salud. También te ofrecerá una serie de alternativas naturales —quizá incluyan masaje, acupuntura, quiropráctica, homeopatía, nutrición o plantas medicinales— que te ayudarán a alcanzar tus objetivos.

Una exhaustiva revisión médica

Una premisa básica de este libro es que los problemas de ansiedad, tomen la forma que tomen, están muy condicionados por el nivel general de salud y bienestar. Cuando tu estilo de vida fomente una óptima salud, la ansiedad tenderá a disminuir o, al menos, te resultará más fácil de sobrellevar.

El último método que recomiendo a mis pacientes es hacerse una exhaustiva revisión médica. Esta revisión consiste en una serie de pruebas que puedes concretar con un médico, normalmente con un médico holístico o un naturópata. Ten en cuenta que la mayoría de estas pruebas no son las que suelen realizar los médicos convencionales. En realidad, detectan unas afecciones que a la medicina tradicional le suelen pasar por alto.

Dependiendo de tus síntomas, puedes hacerte una, dos o quizás las diez pruebas que se enumeran a continuación. Estas pruebas te ayudarán a identificar y tratar la mayoría de los trastornos relacionados con la salud descritos en este libro y algunos otros de los que no se ha hablado. Para recibir más información sobre estas pruebas consulta a un médico holístico o a un naturópata.

Análisis capilar. Detecta los déficits de minerales y el envenenamiento por metales pesados.

Test de tolerancia a la glucosa. Detecta desde los casos moderados a los severos de hipoglucemia.

ELISA (análisis inmunosorbente unido a enzimas) o RAST (prueba radioalergosorbente). Detecta exhaustivamente las alergias alimentarias.

Test de anticuerpos candida (IgG, IgA, IgM). Detecta tanto la candidiasis intestinal como sistémica.

Cortisol y DHEA. Se mide mediante un análisis de sangre y saliva. Detecta el agotamiento adrenal y la reducción de la DHEA relacionado con la edad.

Análisis fecal digestivo completo. Detecta los parásios candida y la disbiosis intestinal. La *disbiosis* se refiere a una ecología de un intestino poco sano, es decir, con una excesiva cantidad de bacterias perniciosas como los citrobacter y las pseudomonas y unos niveles insuficientes de bacterias beneficiosas como el acidofilus y el bifidus. Corregir la disbiosis puede ayudar en muchas clases de trastornos gástricos, como el candida y el síndrome del intestino irritable.

Análisis completo para detectar problemas de tiroides (incluyendo TSH, T_3, T_4, antitiroglobulina y antitiroperoxidasa). Detecta el *hipertiroidismo,* que puede imitar los trastornos de ansiedad, o el *hipotiroidismo,* que puede imitar la depresión y suele asociarse con la apatía y el cansancio.

Análisis para medir las enzimas hepáticas. Detecta las toxinas en el hígado y la disfunción general del mismo.

Criptopirroles. Análisis de orina que detecta la piroluria.

Histamina. Análisis de sangre que detecta unos niveles de histamina anormalmente bajos o altos.

Lecturas recomendadas y recursos

Relajación

Benson, Herbert, *La relajación: la terapia imprescindible para mejorar la salud,* Grijalbo, Barcelona, 1997.

Davis, Martha, Elizabeth Eshelman y Matthew McKay, *The Relaxation & Stress Reduction Workbook,* 5.ª ed., New Harbinger Publications, Oakland, California, 2000.

Ejercicio

Cooper, Robert, K., *Health and Fitness Excellence,* Houghton Mifflin, Boston, 1989.

Dieta

Balch, James y Phyllis Balch, *Prescription for Nutritional Healing,* 2.ª ed., Avery Publishing Group, Garden City Park, Nueva York, 1997. (Una obra de consulta muy completa.)

Dufty, William, *Sugar Blues,* Warner Books, Nueva York, 1974. (Una obra clásica popular sobre la hipoglucemia.)

Haas, Elson, M., *La dieta desintoxicante: cómo limpiar y regenerar tu cuerpo paso a paso,* RBA, Barcelona, 1998. (Un texto muy minucioso y completo sobre nutrición dirigido al gran público.)

Roobins, John, *Diet for a New America,* Stillpoint Publishing, Walpole, New Hampshire, 1987.

Sears, Barry, 1997, *Dieta para estar en la zona,* Urano, Barcelona, 1996.

Weil, Andrew, *Natural Health, Natural Medicine,* Houghton Mifflin, Nueva York, 1995.

Weil Andrew, *Spontaneous Healing,* Fawcett Columbine, Nueva York, 1995. (Las instructivas y elaboradas obras de Weil han ofrecido a una gran cantidad de personas otros métodos alternativos para la salud y el bienestar.)

Para pensar con calma

Bourne, Edmund, J., *The Anxiety & Phobia Workbook,* 3.ª ed., New Harbinger Publications, Oakland, California, 2000.

Bourne, Edmund, J., *Haga frente a la ansiedad: 10 formas sencillas de aliviar la ansiedad, los miedos y las preocupaciones,* Amat, Barcelona, 2004.

Helmstetter, Shad, *What to Say When You Talk to Yourself,* Pocket Books, Nueva York, 1982.

McKay, Matthew, Martha Davis y Patrick Fanning, *Thoughts and Feelings: The Art of Cognitive Stress Intervention,* 2.ª ed, New Harbinger Publications, Oakland, California, 1997.

McKay, Matthew, *Técnicas de relajación diaria,* Oniro, Barcelona, 1998.

Weekes, Claire, *Autoayuda para tus nervios,* Edaf, Madrid, 1998. (Todo un clásico en su género que sigue siendo práctico en la actualidad.)

Zeurcher-White, Elke, *An End to Panic,* New Harbinger Publications, Oakland, California, 1995.

Trastornos físicos que pueden agravar la ansiedad

(Las obras de Larson y Ross son especialmente útiles para un profundo análisis de diversos trastornos que pueden agravar la ansiedad y los trastornos afectivos.)

Bender, Stephanie, *PMS: Questions and Answers,* Sloan, Los Angeles, 1989.

Crook, William, *The Yeast Connection,* 3.ª ed., Jackson, Professional Books, Tennessee, 1989.

Larson, Jon Mathews, *Depression Free, Naturally,* Ballantine, Nueva York, 1999.

Ross, Julia, *The Mood Cure,* Penguin Books, Nueva York, 2002.

Rosenthal, Norman, *Winter Blues: Seasonal Affective Disorder and How to Overcome It,* Guildord Press, Nueva York, 1993.

Wilson, James, L., *Adrenal Fatigue,* Smart Publications, Petaluma, California, 2001. (Una completa obra sobre el agotamiento adrenal.)

210   *Supere la ansiedad con métodos naturales*

La National Organization for Seasonal Affective Disorder (NOSAD), P. O. Box 40133, Washington DC 20016 dispone de información sobre las compañías que fabrican aparatos diseñados para la terapia con luz. También ofrece una serie de recursos, como información básica, bibliografía y una red de apoyo integrada por profesionales de la salud a lo largo de Estados Unidos por si se desea contactar con ellos.

Suplementos naturales

Bloomfield, Harold, *Healing Anxiety with Herbs,* HarperCollins, Nueva York, 1998.

Bloomfield, Harold, Mikael Nordfors y Peter McWilliams, *Hypericum contra la depresión,* Sirio, Málaga, 1998.

Brown, Richard, *Stop Depression Now,* Putnam, Nueva York, 1999. (Una completa obra sobre el SAM-e.)

Cass, Hyla y Terrence McNally, *Kava: Nature's Answer to Stress, Anxiety, and Insomnia,* Prima Health, Rocklin, California, 1998.

Davidson, Jonathan, y Kathryn M. Connor, *Herbs for the Mind,* Guilford Press, Nueva York, 2000.

Larson, Joan Mathews, *Depression Free, Naturally,* Ballantine, Nueva York, 1999.

Ley, Beth, M., *DHEA: Unlocking the Secrets to the Fountain of Youth,* BML Publications, Newport Beach, California, 1996.

Mindell, Earl, *Todo sobre las vitaminas,* Grupo Editorial CEAC, Barcelona, 2001.

Mindell, Earl, *Herb Bible,* Fireside Books, Nueva York, 1992.

Ross, Julia, *The Mood Cure,* Penguin Books, Nueva York, 2002.

Slagle, Priscilla, *The Way Up from Down,* Random House, Nueva York, 1987.

Tierra, Michael, *The Way of Herbs,* Pocket Books, Nueva York, 1990.

Weil, Andrew, *La curación espontánea: descubre la capacidad natural de tu cuerpo para conservar la salud y curarse a sí mismo,* Urano, Barcelona, 1995.

Meditación

Goldstein, Joseph y Jack Kornfield, *Vipassana: el camino de la meditación interior,* Kairós, Barcelona, 1996.

Harp, David, *The Three-Minute Meditator,* 3.ª ed., New Harbinger Publications, Oakland, California, 1996.

Kabat-Zinn, Jon, *Vivir con plenitud la crisis: cómo utilizar la sabiduría del cuerpo y de la mente para afrontar el estrés, el dolor y la enfermedad,* Kairós, Barcelona, 2004.

Kabat-Zinn, Jon, *Cómo asumir su propia identidad,* Plaza & Janés, Barcelona, 1995.

Kornfield, Jack, *Camino con corazón,* La liebre de marzo, Barcelona, 2000.

LeShan, Lawrence, *Cómo meditar: guía para el descubrimiento de sí mismo,* Kairós, Barcelona, 1986.

Levine, Stephen, *Un despertar gradual,* Los Libros del Comienzo, Madrid, 1997.

Ejercicios conscientes

Basic Yoga Workout for Dummies, Anchor Bay Entertainment, VHS y DVD, 2001.

Cohen, Ken, *Qi gong: Traditional Chines Exercices for Healing Body, Mind, and Spirit,* Sounds True Video, VHS, 1996.

Eight Simple Qi gong Exercices for Health, YMA Publication Center, VHS, 2003.

Hessel, Jillian, *Pilates for Beginners,* Living Arts, VHS y DVD, 2003.

Hittleman, Richard, *Yoga for Health,* Ballantine, Nueva York, 1985.

Iyengar, B. K., *La luz del yoga,* Kairós, Barcelona, 1995.

Lam, Paul, *Tai Chi: The 24 Forms,* VHS y DVD, 2001.

McFarland, Stewart y Mew Mong Tan, *Complete Book of T'ai Chi,* DK Publishing, Nueva York, 1997.

Pierce, Margaret y Martin Pierce, *Yoga for Life,* Rudra Press, Porland, Oregon, 1996.

Pilates Beginning Mat Workout, Living Arts, VHS y DVD, 2000.

Pilates for Dummies, Anchor Bay Entertainment, DVD, 2001.

Qi gong for Healing, Living Arts, VHS, 2002.

Sacred Yoga Practice: Vinyasa Flow, Goldhill Home Media I, VHS y DVD, 2003.

Shou-yu Liang y Wen-ching Wu, *Qi gong Empowerment: A Guide to Medical, Taoist, Buddhist Wushus Energy Cultivation,* Way of Dragon Press, East Providence, Rhode Island, 1996.

Tai Chi: Energy Training for Mind & Body, vols. 1 y 2, Golden Pictures, DVD, 2003.

Yoga Zone: Yoga Basics 5 Pack, Koch Vision Entertainment, VHS, 2002.

Lleva una vida sencilla

Eisenson, Marc, Gerri Detweiler y Nancy Castleman, *Stop Junk Mail Forever,* Good Advice Press, Elizaville, Nueva York, 2001.

Elgin, Duane, *Voluntary Simplicity,* William Morrow, Nueva York, 1993.

Fanning, Patrick y Heather Garnos Mitchener, *The 50 Best Ways to Simplify Your Life,* New Harbinger Publications, Oakland, California, 2001.

Mundis, Jerold, *How to Get Out of Debt, Stay Out of Debt, and Live Prosperously,* Bantam, Nueva York, 1990.

St. James, Elaine, *Simplifica tu vida,* RBA, 1996, Barcelona.

Espiritualidad

Borysenko, Joan, *Fuego en el alma: una nueva psicología del optimismo espiritual,* Obelisco, Barcelona, 1995.

Bunick, Nick, *In God's Truth,* Hampton Roads Publishing, Charlottesville, Virginia, 1998.

Caddy, Eileen, *The Dawn of Change,* Findhorn Publications, Forres, Escocia, 1979.

Chopra, Deepak, *Las siete leyes espirituales del éxito,* Edaf, Madrid, 1998.

Dossey, Larry, *Recovering the Soul: A Scientific and Spiritual Search,* Bantam, Nueva York, 1989.

Harmon, Willis, *Global Mind Change,* Warner Books, Nueva York, 1988.

Moody, Raymond, *Vida después de la vida,* Edaf, Madrid, 1984.

Norwood, Robin, *Why Me, Why This, Why Now,* Carol Southern Books, Nueva York, 1994.

Peck, Scott, *Pensamientos del caminante,* Editorial Desclée de Brouwer, Bilbao, 1998.

Peck, Scott, *Further Along the Road Less Traveled,* Simon & Schuster, Nueva York, 1993.

Redfield, James, *The Celestine Prophecy,* Warner Books, Nueva York, 1993.

Ring, Kenneth, *El proyecto Omega,* J. C. Ediciones, Madrid, 1995.

Rodegast, Pat, *El libro de Emmanuel,* Luciérnaga, Barcelona, 2000.

Rodegast, Pat, *Emmanuel's Book, II,* Bantman, Nueva York, 1989

Talbot, Michael, *The Holographic Universe,* HarperCollins, Nueva York, 1992.

Virtue, Doreen, *Divine Guidance,* Warner Books, Nueva York, 1998.

Walsch, Neale, *Conversaciones con Dios,* Grijalbo, Barcelona, 1997.

Williamson, Marianne, *Illuminata,* Random House, Nueva York, 1994.

Zukav, Gary, *El lugar del alma,* América Ibérica, Madrid, 1994.

Obras citadas en los capítulos

Capítulo 1

Benson, Herbert, *La relajación: la terapia imprescindible para mejorar la salud,* Grijalbo, Barcelona, 1997.
Jacobson, Edmond, *Progressive Relaxation,* University of Chicago Press, Midway Reprint, Chicago.

Capítulo 3

Sears, Barry, *Dieta para estar en la zona,* Urano, Barcelona, 1996.

Capítulo 4

Weekes, Claire, *Autoayuda para tus nervios,* Edaf, Madrid, 1998.

Capítulo 5

Larson, Joan Mathews, *Depression Free, Naturally,* Ballantine, Nueva York, 1999.
Pfeiffer, Carl, *Mental and Elemental Nutritients: A Physical Guide to Nutrition and Health Care,* Keats Publishing, New Canaan, Connecticut, 1975.
Rosenthal, Norman, *Winter Blues: Seasonal Affective Disorder and How to Overcome It,* Guilford Press, Nueva York, 1993.
Seyle, Hans, *The Stress of Live,* McGraw-Hill, Nueva York, 1984.

Capítulo 6

Bloomfield, Harold, Mikael Nordfords y Peter McWilliams, *Hypericum contra la depresión,* Sirio, Málaga, 1998.

Brown, Richard, *Stop Depression,* Putnam, Nueva York, 1999.

Cass, Hyla, y Terrence McNally, *Kava: Nature's Answer to Stress, Anxiety, and Insomnia,* Prima Health, Rocklin, California, 1998.

Davidson, Jonathan y Kathryn M. Connor, *Herbs for the Mind,* Guilford Press, Nueva York, 2000.

Dragull, Klaus, Wesley Y. Yoshida y Chung-shih Tang, 2003, alcaloides de la piperidina procedentes del *piper methysticum, Phytochemistry* 63(2): págs. 193-198.

Capítulo 7

Kabat-Zinn, Jon, *Vivir con plenitud la crisis: cómo utilizar la sabiduría del cuerpo y de la mente para afrontar el estrés, el dolor y la enfermedad,* Kairós, Barcelona, 2004.

Kabat-Zinn, Jon, *Cómo asumir su propia identidad,* Plaza & Janés, Barcelona, 1995.

Capítulo 8

Goldberg, Burton, *Alternative Therapies,* Future Medicine Publishing, Inc. Fife, Washington, 1993.

Capítulo 9

Elgin, Duane, *Voluntary Simplicity,* William Morrow, Nueva York, 1993.

Fanning, Patrick y Heather Garnos Mitchener, *The 50 Best Ways to Simplify Your Life,* New Harbinger Publications, Oakland, California, 2001.